糾葛與和諧

黃經國　著

序言

吳克儉先生 GBS JP

（前香港特別行政區政府教育局局長）

　　作為一位實實在在的藝術哲學企業家，黃博士著作《價值轉乾坤》、《贏盡生命》、《成就的動力》、《"喂我"實現工程》都是極受歡迎的書籍，他也從事人才資本培訓，身為管理數千人的保險理財領導翹楚，數十年的經驗，黃博士一定是入世深，見識廣，人面多，效率高的導師，以他今天的成就實在可以安逸生活，坐享兒孫之樂，卻埋頭著作《糾葛與和諧》一定是他人生累積豐富經驗的結晶巨著。深入淺出，中西合璧，科學性強，輕鬆閱讀興趣的人生旅途綜合本。

　　我非常欣賞黃博士實踐出來的真心分享，人的軟硬件需求整合的工作坊，只要你能夠花少少時間深入填寫你自己本人，身為企業家角色及最後他給你的配方，愉快地參透他的多元人生經歷，獲益不少。你就像電腦身體掃描 CT scan 一樣檢查你行為動機的模式，作為你做人處事，安身立命的指南針。《糾葛與和諧》在今天糾葛的世界，社會和人生，具有啟蒙作用，深化作用，實踐作用，輻射作用，也期望這本會說話，會談心，會做功的書籍會帶給我們新人類一個和諧的領域。

史立德博士 BBS MH JP

（香港中華廠商聯合會第42屆會長及華彩集團有限公司創辦人兼主席）

　　作為企業負責人的我，身上肩負着許多責任，日常不僅要管理公司過千名員工和解決各項業務上的難題，還要兼顧其他公職和社會事務，每天所接觸的人和事已經相當多而且層面非常廣闊。儘管做事方法有章可循，但作為人的天性，我們還是會自行其是，按自己的方法去處理，更何況後疫情時代下「新經濟」正加速發展，我們所做的決策必須要比以往更快和更靈活，才可以適應新常態。

　　雖說在互聯網時代下，很多問題只需按一下搜尋鍵便可以獲取所需的信息及答案，就好像食即食麵或成藥那般簡單快捷。然而，當面對結構性問題時，卻不能單靠一條公式或按一個按鈕就能預測或解決得到，特別是涉及「人」的時候，事情往往更加複雜多變；因為每個人的特質迥異，思想方式和對待問題的態度也有不同，所作出的選擇和最終的結果也自然不一樣，更何況每個決定之間是相互關聯、環環相扣，其間亦有許多因素干擾。

　　好友黃經國博士所出版的最新著作：《糾葛與和諧》，以其 70 年入世的成功經驗和心得，洞悉做人做事、人際關係和思維模式之間千絲萬縷的脈絡，分析深刻獨到。大家又可以透過參與書中的實驗工作坊，寫下個人及企業在硬件與軟件方面的需要，在仔細思考的過程中，你會發覺個人的性格風範、需求和目標是如何影響到企業的營運和發展，繼而學會反省，放下慣用的視野和模式，細心聆聽和同理，然後作出更佳的決定。

　　《糾葛與和諧》就好像領導者的管理哲學詞典，助你克服認知偏見，喚醒自我覺察，看清內在的自己，同時又了解別人如何看待你，從而在複雜的環境中更準確地把握大局，獲得成功。

　　本人向所有社會領袖、企業領導和決策者誠意推薦《糾葛與和諧》這本書！

序言

郭少明博士 BBS JP

（莎莎國際控股有限公司主席兼行政總裁）

　　我與黃經國博士相識 40 年，他為人努力不懈，孜孜不倦，對事業兢兢業業，以身作則的精神值得我們學習。2022 年他出版的新著作《糾葛與和諧》，讓我們加深了解人生糾葛與和諧的關係及如何適應，調和糾葛與和諧的共存。

　　香港經歷了社會及疫情的糾葛，這本著作給讀者很大啟發，是觸動心靈的作品。我誠意推介給每一位朋友，因為社會，企業，家庭的「和諧」是我們持續追求的目標。

周一嶽教授 GBS，SBS，MBE
（前香港特別行政區政府食物及衛生局局長）

　　保險業是終生的服務，協助社會、家庭及個人居安思危，到面對困境、災難、痛苦之時，也可以迎刃而解。黃經國博士是香港保險界的翹楚，博學多才，一向積極熱心栽培業界年青一輩，更樂意與業外其他專業團體分享經驗。

　　黃博士在《糾葛與和諧》一書中，以他閱世之深，察人之微的獨特觀察及體驗心得，以獨立故事形式，將國家社會及家庭的複雜關係，以深入淺出的論述，令讀者更明白矛盾及衝突之成因及結果，從而尋找解決方法。此書可一氣呵成閱畢，亦可選擇小讀一、兩段，從中思考，對於工作繁忙的朋友，獲益良多。在此祝黃兄身心健康，繼續協助業界的年青才俊發展。

序言

莊太量教授

（香港中文大學新亞書院副院長）

　　我認識黃經國博士（Raymond）是因為他是新亞書院和耶魯大學學生交流計劃的贊助人，我也有帶新亞書院同學去耶魯大學交流，每年當耶魯大學學生來新亞交流時，黃博士必定在家設宴歡迎所有耶魯和新亞的交流學生和帶隊老師，期間也有討論時事議題。黃博士熱心公益，是保險和培訓界的翹楚，熱愛藝術和中國文化，而且好學不倦，著作等身。

　　黃博士的新書《糾葛與和諧》，是一部不可多得的好書。現代人生活忙碌，不時都要面對和處理人與人之間的矛盾與衝突，究竟怎樣才可以維持和諧的人際關係呢？《糾葛與和諧》這本書一定是你人生的一道清泉。一個個簡單易明的小故事在書中穿插，讓讀者從中思考何謂快樂的人生，從而活得更加精彩。

CONTENTS 目錄

一、什麼是自由

「第三種自由是洞見。
唯有經歷過愚笨和懊悔
之後才能得到洞見。」

就像小麥穗桿隨風起舞，
因其柔弱因此可以在強風
裏持續存在。

很多日常生活發生的問題你是否經常
未清楚?完整思考就自做了答案！

用什麼概念來決定...

A：真   B：假
C：善   D：惡

這都不是寓言故事，而重複又重複
真實事情！

參考資料 #1

無論世界大事或小事
都在重複這個「自由」題目！

困擾着生命的
牽連糾葛的答案

威廉・詹姆士
美國哲學家及心理學家

例如：今天的政治糾葛的烏克蘭事件

商業糾葛的事件，家庭糾葛遺產爭拗

都是經歷這個自由的三部曲，大師說：

生命的真理　存在意義

很多人以為他們是在尋找他們靈魂自由的真理！

卻不知道是那個更大的自由靈魂，（命運大自然或大道）在他們之內思想糾結尋找自由！

好比命運大自然一樣，更大的命運大自然通過自由也會犯很多錯誤，例如新冠瘟疫，世界大戰，宗教戰爭我們見得多了！

但它可以輕而易舉地以
新棋子替換錯誤的棋子
就是所謂物競天擇
適者生存！

我們只是在三千大千世界之中一粒微塵
自以為了不起誰不知只是在命運大自然
一閃而過！

也被命運大自然或大道玩弄掌中

本書所說的自由
不是表面現象的自由！

而是包括內心的自由 你周邊親人外內心的
自由 更深一層是你更大的靈魂自由!
家庭命運大自然的自由!

當天晴氣朗 風平浪靜的時候我稱之為
「和諧的自由」。

當天崩地覆 風高浪急的時候我稱之為
「糾葛的自由」。

這三種自由 愚笨的自由 懊悔的自由
洞見的自由就是帶領這本書的主題
糾葛與和諧。

二、兩種洞見

　　向外追求：能夠遇上先知，直至我們能夠掌握並且支配它，這就是科學的努力。我們都知道科學如何改造、保障和豐富了我們的世界。

　　另一種行動就是我們在向外追求的路上稍作止息！參考我們中國的文獻：「大學之道，在明明德，在親民，在止於至善。知止而後有定」我不敢拋更多古文，避免當今科學世界談一些老土古典作悶，但這畢竟是我們中華民族的大智慧！

　　徬徨取捨圖，美景看不到。如果我們不再注視某個可以掌握的東西而是投向整體，這個目光使眾多事物盡收眼簾，當我們投身這個行動時，例如《大學之道》：「定而後能靜，靜而後能安，安而後能慮，慮而後能得。」

　　我們得先脫離前面執着事物，我們姑且不作選擇，也不作判斷，自虛其心，不論是情感，意志或判斷。這時候我們的心智是若即若離、若實若虛的，才會看到真正豐盈且沐浴其中。在外求的行動中，我們止息且退省，直到抵達那承載豐盈萬有的虛空。第二種是向內追求會得到有別於外求的認知活動另一種洞見。

　　向內追求：如此經驗到的洞見，首要條件是心無所求，心有所求的人會把自己想法強加於現實上面，或會想要與自己先入為主的觀念去改變現實，或許會想要去影響或說服他人。但如果如此他便似乎是凌駕於現實之上，彷彿現實他就是主人（第一種愚笨的自由）當我們放下自己的意圖時，即使是好的意圖，就能清楚看見我們捨棄的是什麼。智慧也告訴過我們要懂得放下，因為命運大自然顯示，即使是出於最好的意圖也經常會出差錯，捨得才會懂得。

　　這個內在洞見的第二個條件是「無所畏懼」。害怕命運大自然揭露的人，閉上眼睛擔心命運大自然的威力，擔心別人怎麼想或怎麼說，就會故步自封阻斷了更多的洞見。這些畏懼無法幫他面對命運大自然的威力，就是因為其柔弱。因此可以在狂風中持續存在。

三、糾葛的源頭

　　我還是想回歸「自由」主題的三個故事。在政治層面的例子，眼前烏克蘭的自由是否可以回歸到第三種自由的洞見，看來唯有經歷過愚笨與懊悔之後才得到，因其柔弱因此可以在強風中得以持續生存。由於地緣和歷史問題，烏克蘭採取成為中立國的態度，目前看來還要糾葛很長的年月，這都是事後的悔悟，事前的癡迷。日本在戰後 1969 年也發生全國的學生運動，反對天皇要求政治改革及反對成為美國的附庸國。當年著名日本世界級作家傳奇人物三島由紀夫的紀錄片，值得我們體驗這個糾葛的過程。

　　三島由紀夫對於日本當年學運民主化及外來文化相當不滿。他衝入首相府切腹是想喚醒日本人改革派對傳統思想的反思，但切腹過程相當痛苦。由於當時已經無專門的戒錯（即是切腹過程中將切腹人斬頭，避免過長時間慢慢死去。）當時的戒錯切了多刀，三島由紀夫未有即時死去，結果是勉強劈開頸椎才完成戒錯。他這次的行動令日本改革派有深厚延續的影響。*參考資料 #2*

三島由紀夫
網上資料

　　目前，日本仍是過着第一種自由，不能擺脫收緊韁繩的駿馬，三島由紀夫說這是我們日本人的宿命。命運大自然的威力控制了我們弱小的靈魂，近代史的西方政治文化持續數百年英雄主義，也不知道還要經歷多少的愚笨和懊悔，才會進入柔弱和諧的自由；日本的改革派學運從此銷聲匿跡。那麼你會問那位騎在駿馬收緊韁繩的人是否就是控制命運大自然的主宰？如果你能

回歸糾葛源頭，這位騎士（可能是西方民主的 Cowboy）也只是糾葛在馬上自我感覺良好的英雄，他只是一直在馬上跳躍掙扎兜圈中，機關算盡每一個步伐跳躍，花費所有的精力資源，意圖控制身邊的駿馬。這只是一場又一場觀眾開始退減的表演，他也是在第一種愚笨的自由，是否還要糾葛幾個世紀？我們現在可以看到西方愚笨的自由糾結，更大的靈魂命運大自然是否還在他們背後計算中？

我認為中國人經歷五千年糾葛歷史文化，啟蒙了小學之道：「人之初，性本善。性相近，習相遠。」《三字經》兒童的學習，到了《大學之道》：「在明明德，在親民，在止於至善。」第一個「明」是動詞，強調明白體會道德的重要，在親民為人民服務，要達到極善的目標。現在我們看到北京政府都是朝着孔子學說《大學之道》的理念，相信只有「在明明德，在親民」，我們中國的文化內涵價值，存在人類命運共同體的至善信念，最後一定會得天下的民心。

在商業層面的例子，報章新聞上太多例子了。這裏我也不用敘述。

四、家庭層面的糾葛

　　推銷保險每一天都是經歷糾葛，要經歷很多家庭系統的糾結 entanglement。從 40 多年前自己一個人打造今天數千人的團隊，保費收入數十億元。同步我也從事人才資本學習和培訓，學教雙長工作上的需要之外，也需要處理同事們，客戶及學生生命裏很多困擾，例如自殺、重病、死亡、離婚、破產、妻離子散、家庭系統的糾結、家庭暴力、爛賭、吸毒和莫名的情緒或感情問題。體驗到在商場上到家庭上的廝殺，冷酷無情，孤立無援。其實我們保險人也算是一個社會工作者，到今天進入親子教育、人際關係、團隊精神、抉擇、組織整合、文化系統和價值觀念的轉移等，靈性成長培訓工作，藝術管理和社會工作等發展也有非一般的經驗和感受。

　　數十年的經歷我認為需要建立自己的基礎建設硬件，只有認識自己的角色扮演，價值觀，信念，能力，行為，周遭環境（人的六層面邏輯思考 *參考資料 #3*）再配合個人的需求，一生人最需要的是什麼？最想要的是什麼？在人與人的關係裏存在着「愛的隱藏對稱」*參考資料 #4* 解決那困擾

「開心六層面」
影片

着生命的牽連糾葛，勇敢地面對真實，如何實踐愛的流動，牽連糾葛的問題，才能夠沒有障礙進入真正的洞見的自由。

關於家庭層面的糾葛，我將會在下一章「從藝術角度看糾葛」將會有詳盡的敘述。

五、
從藝術角度看糾葛

經朋友推介到清華大學參加一個藝術管理碩士課程，本來是想整理一下如何梳理我收藏數十年的古董，在清華大學上課大半年，走勻北京及其他藝術館，博物館，跟着安排到紐約「蘇富比藝術學院」再進修當代藝術，要正規到美國領事館獲取學生簽證，每個月上課五天，要飛到紐約四次再到洛杉磯，再到倫敦，深入了解什麼是藝術管理。美國的藝術品是可以用來交稅項，所以獲得蘇富比這個藝術管理碩士證書真令我 70 多歲人很大挑戰，並且獲益良多。

➤ 為什麼要從藝術角度看糾葛？

尼采説：「藝術是權力意志最透明親切的賦形」

亞里士多德說：「一切藝術，宗教都不過是自然的附屬品」

畢加索說：「藝術是一種使我們達到真實的遐想」

郭沫若說：「藝術與人生像是一個水晶球的兩面，和人生沒有關係的藝術不是藝術，和藝術沒有關係的人生是徒然的人生」

　　我們參觀洛杉磯美國 (20 世紀初石油大王保羅·蓋提被譽為全美國最富有的富豪)，「蓋蒂博物館 Getty Museum」珍藏的藝術品，價值連城。一套「罪惡金錢 Dirty Money」的電影是描繪這位當代超級富豪晚年對人不信任，抗拒他的親人，只喜歡孤獨瘋狂選購天價藝術品。他說藝術品只會令他喜悅瘋狂，任何人都會因為金錢令他嘔心和激氣，這就是家庭層面的糾葛。

　　我們都經常看到的事實就是差不多 100% 的富豪，財產分配都會在身後產生家庭層面的糾葛。

我們先要簡單了解一下傳統的藝術理論有四個層面

「藝術的原素」影片

1. 形成 Form

2. 色彩 Colour

3. 主題 Subject Matter

4. 抽象意念 Abstract

藝術角度的家庭層面？

1. 形成 Form

　　愛是一種藝術。愛的對稱 "Symmetry" 我愛你 100 分，你愛我 20 分，是否破壞藝術的平衡？尊卑法則是否得到維持？《弟子規》長幼有序，內容深刻，這都是對藝術構圖衝擊。

我另一本著作《368°贏盡生命》都有講述這個主題，^{參考資料 #5}「我是誰」家庭系統隱藏的三種糾結：

一、家庭的系統成員之間的權利是否得到尊重

二、成員之間的施與受是否得到對稱

三、家庭之間的尊卑法規是否得到維持

不符合以上的三種家庭隱藏的力量，就會產生良知或罪惡潛在意識，清白與愧疚的感覺。「我是誰」在宗教的領域也有很多的學問，這都會「形成」家庭層面糾葛，很多世界藝術巨作都是呼喊描繪這種愛的禱告。

2. 色彩 Colour

我經常會用這個問題了解「愛恨」的程度，我會發問：「我想你用一種顏色形容你的太太對你的愛」我有一位朋友說：「黑色」！因為我十分清楚我這位朋友對太太的關係十分惡劣，最後連太太的退休金也全數輸光！這種情況與我的父母也差不多一樣，我的父親以前亦是一位賭徒，三更窮，四更富，家庭關係也十分惡劣，後期他們雖然移民澳洲，但我了解我的母親一生也不會原諒他。他們由我出生開始糾結數十年。最後我的父親在差不多 90 歲時，有一天突然跪在我的母親面前懺悔，承認如何對不起我的母親。我的母親當天安詳離世，她本來屈曲需要拐杖扶持身軀，死後自然申直，這也可能由於數十年的糾纏，最後肌肉可以鬆弛下來。

香港有更多感人的故事......香港某大名人由於重大事故發生在他身上，他認為這都是因為家族的超豪地位才令他成為受害者，事後他身心俱疲，希望玩玩古董消磨人生，聞說他只是希望在家族拿取億元散心，佔不到家族都是由基金主持，家族成員衣食住行，豪華遊艇、私人飛機消遣無憂，但不允許分享私有財產，後期發生無數商業糾葛，最後還是鬱鬱而終。

家庭系統整合 "Family constellation" 家族的糾結很多時都會產生兄弟姊妹，世代成仇！產生灰暗的色彩。這一個項目我跟隨 Bert Hellinger 數年時間的親身治療工作坊，治療人數廣泛，也拍攝了數十盒錄影帶，很多像驅魔人的治療十分震撼。很多真實家庭糾結的形成可能由於愚笨，悔恨，命運大自然的形成及另外一個更大的靈魂在注視着。我另一位朋友父親是超級富豪，細兒子離婚經一場官司也可以分十多億給離婚媳婦，但他的大兒子由於小時候跟隨離婚的母親聽隨她的說話，拒絕父親於門外說一聲「沒有你這個父親！」從此就失去父親的照顧，他現在悔恨七八歲時不懂事，脫離了父親的歸屬。子女中的聰明伶俐能否迎合父母的寵愛？也會形成家族整合中的糾結。

商場上打拼的無奈和孤獨，特別是男女的關係，都會產生無可原諒的糾纏。喪失歸屬的人必須離開，罪惡感是對現實的否認，家庭中不同方式的施與受，代罪羔羊，無望的愛，以憤怒對抗痛苦，嫉妒與補償，不忠的代價，抑鬱的疾病，同性戀與精神病患的認同，羞愧的情緒，詛咒的延續，毒癮與賭癮的逃避等等，希望我們能從系統的角度看問題和命運，從色彩中感覺生命的藝術。

我認為懂得藝術生活多姿多采，反之枯燥無味！

3. 主題 Subject matter

為什麼要組織家庭？為什麼要生兒育女？這都是目前年青人的問題，也可能大多數年青人也感受到上一代的家庭糾結，所以也放棄了他們的下一代。他們認為婚姻是一個枷鎖，傳宗接代是一種封建迂腐傳統，養兒防老是一種妄想，自由自在，各自精彩，無拘無束才是他們的人生目標。

在這裏我不打算討論這一個社會現象，我寫書的目的就是「以終為始」，如果我們的終點已經是這樣，究竟我們可以創造些什麼？如果我們已經組織家庭、如果我們已經生兒育女、如果今天我已經 60-70 歲，未來還有 50 年，我在離開這個世界之前可以創造什麼美好的結果？如果可以放下愚笨與悔恨，我如何洞見我的將來？愛迪生說：今天的問題並不能用着製造問題的同一思考層次要獲得解決！所以要返回原點，我創造的家庭已經擁有的兒女，如何繪畫一幅美麗的圖畫？這就是家庭層面的藝術主題。

我有一位朋友他用億元買了一間豪宅，談話之間他說電費只用了 800 元，間接表示根本他沒有入住過。他也是上市公司的主席，必須周遊列國，也需要處理國內工廠大規模生產。他已經離婚，目前他還是獨身，離婚太太和子女已經移居英國，閒談中他感慨 14 歲的大兒子與他疏遠，可能也受母親的影響，每年他會到英國探望兒女，我叫他買一份巨額的付清保險送給他的兒子，保單明確顯示 10 年，20 年及終身他可以獲得的利益和保障，後來他告訴我很感謝我的建議挽回了他父子的信任和關係。其實他一分錢也沒有給他兒子，就是用保險單一信托形式將他內心的愛呈現出來，也贏

得對方信任和明白。 "Love is not a heart to stay love is only love when you give it away" 這一種行動以贖罪作補償不同。我有些朋友以金錢、樓房、名貴汽車等，物質作補償，但只會使不幸加倍，製造對方無窮的貪念，製造更大的糾纏，贖罪為受害者造成雙重的痛苦和加倍的不幸，因為他們的不幸又孕育了其他人的不幸，他們的受害增添更多的受害，正如那些神怪的思想和行為，以為單是自己的不幸成為受害者，便能夠治療別人，自己的痛苦便能夠拯救別人，自己受苦好了而不必正視人們的關係，也不必面對不幸者的痛苦，不必為應做的事情請求他人的「允許」。我強調贖罪並不是關係的代替品。我從事保險行業及人才資本培訓數十年，環繞我周遭的同事及客戶朋友，我非常尊敬和欣賞偉大的女性家庭幕後的工作，我也非常尊敬和同情偉大的男士商場前線打拼的工作，但前者多數獲得家庭成員的認可和支持，後者多數得到家庭成員的疏忽和冷漠。這都可能是「柔弱與倔強」與「傲慢與偏見」角色扮演分別。我會為前者的角色而可惜，為後者角色而不甘。

4. 抽象意念 Abstract

我在美國 TOT (Top Of The Table) Submit Club conference (是保險人的最高業績榮譽高峰會議) 有一次談及 "What is life?" 他們把 ʻLifeʼ 這個英文字分組三個解釋，他們說 ʻL-IF-Eʼ。ʻLife-IF-ENDʼ 在生命的最盡頭，想當年我們做過最愚笨的事是什麼？我們最悔恨的事是什麼？我們最關心的是什麼？最關心的人是誰？

　　在個人主義來看天下最大的事莫過於生死，莫過於生不如死。最大最惡毒的咒語就是「因住最尾嗰兩年，不得好死！」基督教最後的哲理就是要「安息」，佛家最後的哲理就是「善終」，我看過很多人走到人生最後的時間都會產生很大的糾葛。這都是家庭層面的問題。

　　我有客戶對我說：從未見過他的媽媽在父親離開之後，她的生活是如此感覺的自由和獲得人生最大的快樂！原來每天睡在旁邊表面最親密的人是如何憎恨自己！也看過很多夫妻的關係是如此虛偽和怨恨，單是處理離婚也要20多年，離婚官司打了10多年雙方付出過億元的律師費。我曾經作為中間的調停人勸阻不需再糾葛，再付出龐大的律師費，但對方說就是要糾葛到底。也有朋友由於晚年中風，護理不方便送到私家醫院私人護理，這位朋友生前日理萬機，長袖善舞，朋友眾多。但估不到送到醫院之後數月太太不願意付出醫療費用（太太是分得數億元的財產），最後也要朋友代為支付，在醫院也鬱鬱而終。

　　這都是真實的個案，古時英明的皇帝也會兵權旁落，江山都不見了，都是由於老懵懂，年老了，什麼都忘記了，什麼都不懂了，兵權就會旁落。今天錢財就是兵權，跑到人生最後的幾年可能還有10多年，有很多不確定的因素，專家說人一生的醫療費86%在最後幾年才要付的，那麼誰會保證支付這些龐大的現金醫療費用。命運大自然的安排，家庭系統因果關係，困擾着生命的牽連糾葛，最英明的人還可以信任誰？

　　大家常說：愛情是永恒的主題。其實死亡更是一個「永恒的主題」，之所以「永恒」，一是因為它的「無解」，沒有人會真正有過「死」的體驗，

二是因為它重要，不解決對死亡的認識，就會讓人始終活在對死亡的恐懼中，而臨到死時一段長時間心靈上會痛苦萬分。在社會層面上看，無論是對死亡的恐懼還是造成過度醫療和臨終階段過度搶救的重要源頭都是關於對死亡的認識，關於對死亡醫療的認識，這都是安息或善終的學問。

「我是誰」
影片

「每個人都想要快樂，但要得到快樂，我們首先需要了解快樂是什麼？」盧梭 (Jean -Jacques Rousseau)

在佛法中「出離」這個詞經常被誤會，「出離」的意思並不是放棄所有美好的事物，真是那樣就是絕對愚蠢。「出離」的意思是自由，是用覺知和愛心脫離心中混亂，脫離以自我為中心所造成的困擾。

(馬修 · 李卡德 Matthieu Ricard) 參考資料 #6

右圖中是我和馬修的合照，他本來是科學家，27 歲出家至今研究了輪迴數十年，著作很多禪修的書籍。他特意來參觀這一張背景是宋、元、明三個朝代高僧穿過的加沙所造成唐卡。這張唐卡所用的三個朝代不同的絲綢布料，顏色配搭，構圖精巧，也用馬毛，象毛編織成的高僧造型，眼神潛藏銳利，洞悉先機，內潛力極強的高僧藝術家作品。馬修，他生於 1946 年巴黎巴斯特學院 (Pasteur Institute) 分子生物學

馬修 · 李卡德在淺水灣家中合照

博士，年輕時才華洋溢，追隨諾貝爾醫學獎得主一起研究生物基因族譜，同時也精於生態攝影、鳥類生態學、天文學、帆船和滑雪等。馬修 26 歲時覺得擁有的並不能帶給他滿足，遠離法國遷居喜馬拉雅山，開始跟隨西藏嘗試學習佛法，數年後與作家父親思辨對話集「僧侶與哲學家」，出版翻譯 21

國語言,成為世界最暢銷宗教哲學叢書。現在定居於西藏尼泊爾潛心研修輪
迴,並從事人道及教育工作。他說:「如果請任何一個人描述有關完美的快
樂時光,就是在和諧環境中片刻寧靜的體驗,這一張碩果僅存獨特的唐卡,
就是內在衝突糾結暫時地消失,感受到世界及自身的和諧。」

　　和而不同,我現在的解釋是:「和而不同是和諧,同而不和是糾葛,是
和諧的相反詞」,上圖是明朝的作品,用黃楊木雕刻成非常精細的荷花葉,
在稍微破損的荷葉上有兩隻螃蟹在移動,抽象的意念是在不十分完美的環境
中得到雙倍和諧(普通話荷和蟹拼音是和諧),就是馬修說的「在浮光掠影
所捕捉到的快樂時光」。

　　以上圖片是明朝的犀牛角，也是一隻螃蟹棲身於荷葉之上，而這樣和諧的情景也襯托在一隻烏龜爬行，意喻和諧富貴。

　　以上圖片是明代黑檀木雕刻成一盤超大荷葉上面也有一隻螃蟹，這是一個很大的托盤用來遞茶款客用的，意喻賞茶中和諧共處。

明朝很多古董藝術品都有用荷花加螃蟹來比喻「和諧」的社會價值主張，明朝是中國古代藝術最高巔峰的朝代，當年中國的 GDP 是全世界第一，西方人爭相來朝作中國的絲綢貿易，瓷器就是當時炙手可熱的商品。明朝國民自尊民族自信很強，創作都是用很多民間寫實的情景合成為一件超然的藝術作品，無須像清朝用龍鳳顯現帝王的尊貴。在香港，我能有機會與馬修上師度過一個愉快的中午和晚上，介紹一些我收藏的古董藝術品，也能夠聽到很多關於他和諧心境的遭遇，例如他在印度到尼泊爾擠滿乘客的火車上失去他花了數年寫作及研究儲存的電腦，他說：「在意識到火車上的人正在盯着我這邊唯一的外國人，謀算取去我的電腦，我並不是吝嗇電腦，而是痛失裏面研究的資料，在漫長時間十多小時火車上無可奈何將會喪失自己的心血……」，兩種不同看世界的方法，六十億人類，六十億世界。同樣情況於美國一代油王富豪 Getty，面對所有人用淫藝貪婪的眼睛凝望着他擁有的財富。那種內心的糾結形成他晚年的孤獨和悲痛。

那部電腦最後還是失去了，馬修說：「灌溉出快樂生活，不會因得到而自我膨脹，也不會因為失去而氣餒，反而能夠在一個廣大深邃的寧靜中全然經驗着。」因為他知道經驗只是暫時的，執着也沒有用。在面對困擾事情變得辣手時，也不會感到重挫或者陷入憂鬱，因為他的快樂是奠定在堅固的基礎上。

他說也不是要我們無視生命中的痛苦和不圓滿，快樂也不是一種大樂的境界，而是一種精神上的排毒，將那些毒害心靈的仇恨及迷戀去除，將事情的本質有更正確的洞見，在更深的層面來說痛苦與對事實本性的誤解有着密切關係。

在香港大家共知「龔如心遺囑爭產事件」，為什麼一個男人可以將財產送給所關愛的女士？女士為什麼不可以將財產送給自己所關愛的人？很多財

產遺產的爭拗，花費官司上數億元計還未能了結，撇除了道德價值觀對事實本性的誤解有着密切關係。本書的主題是着重於家庭系統的糾葛與和諧的處理，我們都聽慣了一句說話「金錢可以解決的難題就不是難題」。在我人生的經歷中用保險單單一信托的形式，賦予愛的顏色，法律條文確定的主題，延續終身全面關懷的意義，就是能解決很多家庭系統的難題。我們最常犯的錯誤就是將真實快樂與享樂混淆，本質上享樂是不穩定的，他所引發的感受很快就變成中性，甚至不愉快，當他重複的時間就會變得無味，甚至令人反胃，品嚐一頓佳餚是一種真實的享受，但吃飽後就會對他不稀罕，勉強再繼續吃就會覺得反胃，給兒子的跑車和名貴手錶只會延續他的貪婪和享受。參考資料 #7 在我另一本 40 萬字 (1997 年很暢銷的書籍）著作《價值轉乾坤》有一句說話「飽後思味則濃淡之境都消，色後思淫則男女之見盡絕」這就是價值遞減 "diminishing return"。

和諧共處

「那些在享樂，財富，榮耀，權力及英雄事蹟中尋求快樂的人就像孩子們想要拿取彩虹做外衣一樣地天真」──頂果欽哲仁波切。

如果你問你的愛人或兒子現在給你一百萬現金或給你三百萬保險單利益，他一定選擇前者，因為他馬上得到上列的快樂，而且會被耗盡就像蠟燭會被燒光一樣。因為選擇後者並未有收到立即的利益，大多數人不會為十年後的未來風險管理而雀躍的。

我有一位客戶朋友他十分相信保險，因為他曾經在 2008 年金融海嘯的時候差點破產，銀行及地產朋友避開他而去，唯獨我與他食飯。我對他說還有一千萬在保單上，最後他對我說在商場上一個現象，在經濟上最後關頭可能就

是最後的五百萬，像救生圈一樣救回來。他現在已經重拾雄風並且穩健下來，他買的保險已經是全香港滿額了。保險公司也因為再保滿額而不能接受新的保單。他有差不多 100 張的保單，有些是大額，有些是一百萬元。他喜歡送保單給子姪及女朋友，他也準備保險單送給在他將來年紀老的時候照顧他的護理員，他說就算是菲律賓工人，如果她能照顧他的起居飲食，梳洗清潔，他會給她一百萬元保險成為受益人，這樣就能贏取她的心機照顧他。就像一些要員保險單一樣，為公司重要人物每年交付相當的保費，待若干年後保險自動供滿為要員儲備一筆可觀的額外退休金，中國人老闆習慣了一種對伙記的態度「口爽荷包笠」，對女朋友說：如果你對我好些，五年後我會給你什麼？對員工說：如果你幫我賣命工作，你退休時我會給你一個獎金鼓勵，但這樣不確定的假設很難贏盡對方的信任。我的北京一位富豪朋友有一位漂亮的女友，有一天他良心發現送了一百萬現金給她，估不到她馬上離開他，他說：為什麼你不陪我多幾年？到時可能我給你一千萬元，她說：「你商場的荟薈我看慣了，這一百萬元算我拿回車馬費，我不會在你身上再浪費我的青春，我輸了！」

我另一位朋友客戶為他的女朋友買了每年付保費十年付清的巨額保險，包括疾病晚年退休無憂，現在已經數年了，看到他們感情越來越深厚，對方盡心盡力服侍他，羨煞旁邊的人。他對女朋友說：「如果你認為我適合，我會為你付保費十年，之後不用付了，保障你的一生，但如果你有比我更好的人選那麼你找他為你供款好了，反正你都是保險單的持有人，已付的都是你的。」每個人都知道他們做什麼？What 有些人知道怎樣做？How 如果你能夠清楚地說明他們為什麼需要你的東西？Why 這才能建立和諧的進程，這就是動機，動機的過程和動機的內涵價值。

從社會經濟學來看每一個人的基本需求幾乎大同小異，如果能提供動機的內涵價值了解你有多麼關心，這都是提供和諧共處的條件。

七、價值轉乾坤

　　價值系統像有似無，飄飄忽忽，環繞周圍。她具備宇宙形象，涵蓋天地萬物，她是那麼深遠而昏暗，卻又是一切生命物質的原理。從古至今無間斷進行，創造和改革萬物的活動（《價值轉乾坤》－黃經國著）。

　　價值是什麼？有些哲學家認為只有事實判斷而沒有價值判斷，有些哲學家認為價值是客觀存在的，價值不同於事實，事實也不同於價值，一個是「事實的世界」，另一個是「價值的世界」，根本是兩個不同的知識和命題。

　　例如：早前「烏克蘭總統澤連斯基計劃加入『北約聯盟』，政府和人民選舉的價值判斷」的價值的世界；與今天「事實上烏克蘭產生數百萬難民和生靈淘汰，無數建築物的破壞民不聊生的事實世界」則是另一命題。

　　例如：「事實上我今天的財產和成就是我白手興家，雙手打平出來」的事實世界，但也希望「我的孩子也像我有刻苦耐勞，打拼精神，所以也不留財產給他們的價值判斷」則是另一命題。

　　例如：「事實上力克‧胡哲 Nick Vujicic 是一位基督教佈道家和男演員，出生時患有先天性四肢切斷症，卻能入水能游出水能跳，成為最世界上出色的激勵演講家。」是否也可以將他的四位孩子「手腳也斬斷了，像他父親一樣也能夠白手興家的價值判斷？」

「Nick Vujicic」
網上資料

　　價值若果從哲學範疇來看，在一定意義上是相對於事實的，但這是一個看似簡單而實際上很複雜的問題。人類盤古初開，既不是先有事實，也不是先有價值，而是首先有行動經驗。在漫長的歷史中才產生事實和價值現象，如果能夠滿足人的需要，能夠有利於或能增進心境舒適，和諧的感覺就是價值，事實與價值兩者的相互關係，等於先有雞還是先有蛋的問題。

　　從簡單的主體和客體解釋價值是什麼？主題就是你。而客體就是你的社會活動和一切客觀對象。當然也包括你的家庭子女。在你與社會客觀及事實的相互作用中，主體的你是有目的地根據自己的需要去掌握和佔有客體，使之成為「為我之物」達到自己心境需要和目標，同時客體也以其特有的屬性和功能產生作用，滿足主體的需要，當中就會產生價值。事實屬於對象性，而價值則是主體對客體的關係態度。

　　「價值就是主觀理想和目標的依據，在一系列社會客觀及事實中估量或實踐理想和目標之高低時，就涉及價值的問題；一切能夠減少身體或心靈痛苦而有利於或能增進心境舒適和諧的感覺就是價值，有些為較高價值，有些為次要價值，有些無價值，有些為負價值。」

　　每一項事件存在或決策都包括「事實」與「價值」的要素，價值與事實確實在邏輯上是互相獨立的，但如果在「事實」一概念詞上分開三種意義使用，那麼事實與價值的分別將會較為清楚。

事實的三種意義或解釋：

事實A：指客觀存在的事物，事件或經歷過程。屬本體的範疇是實際存在着事件的屬性。

事實B：是事實 A 的引伸，對事實 A 客觀事物，事件或過程的主觀詮釋及描述和判斷，是一種「經驗事實」屬於認識理論範疇，是「價值世界」。

事實C：是事實 A 或 B 的引伸，對事實 A 客觀事物或事件或過程的功能正確真實的感受和反應，是產生正價值或負價值的陳述。是可為與不可為的「信念層面」。

例如：

事實A 是「事實世界」「角色層面」。

事實B 是主觀臆造事實 A 的「經驗世界」或「價值層面」。

事實C 是主觀心境與事實 A 或 B 的混染體的正確感受功能描述，是「信念層面」。

　　事實與價值不是現實世界中互不相干的，或並非兩個世界，已是同一現實世界中的兩個層面。從事實推論出的價值中的事實不是一件事實，而是「事實的脈絡」，只有你確實了解事實認識事實，能夠把握客觀事實的發展規律，才可產生價值的效果。參考資料 #8《價值轉乾坤》p562-564

價值的選擇故事

「拔一毛以利天下也不為」

戰國時期禽子問楊朱：「拔去你身體之一條毛以濟天下，你願意嗎？」楊朱答：「世間不是拔一毛可以解決問題的。」「假如可以，你肯嗎？」禽子再問。

楊朱搖頭。禽子氣忿。楊朱不明白禽子氣憤的理由，請教孟孫陽。孟孫陽答：「你誤會他本來的意思，如果要傷害你的肌膚而可以獲取萬両金，你願意嗎？」「當然願意」楊朱答。

孟孫陽繼續說：「折斷一隻手而能夠幫到國家，你願意嗎？」楊朱呆了一會不作答。孟孫陽繼續說：「一根毛比肌膚微小，肌膚又比手臂微小，但累積一根毛可以成肌膚，累積肌膚可以成手臂，所以一根毛雖是身體萬分之一，但不可以輕視。」

「拔一毛以利天下，也不為」是一個價值選擇，肌膚與萬両金是價值選擇，手臂與協助國家也是一個價值選擇。綜合來說一根毛相等身體的一個價值觀，這就是「一毛不拔」描述一個人視財如命，自私自利，戰爭糾葛的來源。世間大事有些人一言興邦，一言喪邦，謹言慎行，和諧福厚！中國人的哲學一念之差，萬劫不復。今天的社會責任每人能夠出一分力，社會便可和諧相處！新冠疫情當前每位香港人嚴謹戴口罩及防疫功德，疫情就可以受控制，就可以幫助香港，更加可以幫助國家，在家庭系統中是否可以出一分力量，就可以維持家庭系統的和諧，這世界有四種人：利己利人、利己不利人、利人不利己、不利人也不利己。你是那一類人？你在什麼時候什麼地方選擇做那一類人？這就是你的價值選擇。

➢ 我們保險人也有一些價值金句

- 沒有一個人死得合時，不是死得太早，就是死得太遲！

- 死亡不可以免費，而是要付出代價！

- 用一點錢買保險就可以減輕你肩上的糾葛！

- 一般人並沒有做錯任何事，他們只是不做任何事，這就是問題所在！

- 你已經將你全部的生命給了你的孩子，為何不用你的生命來給予他們保障呢？

- 你是否以一千萬來繳交保費，而僅得到的壽險是一千萬呢？還要冒後人打官司費用及時間的風險成本！

未來已來

馬雲 2017 年出版的書籍《未來已來》，到 2020 年《福布斯》雜誌估計馬雲的財富為 656 億美元，當年馬雲在國內批評中國證監不可一世的演說，螞蟻上市擱置了。2022 年《福布斯》雜誌發佈馬雲是 228 億美元蒸發了三分之二。雖然仍是天之驕子，萬億人羨慕，但我說的未來已來就像一把削鐵如泥的寶劍，在你面前閃過，你也沒覺察到已經將你破開兩件，當你回頭一望，未來已到。曾幾何時，2008 年美國金融海嘯，很多大藍籌股也蒸發九成。

2024 年開始便踏入世界的新課題，風水踏入九運持續 20 年，就算你不相信風水，世界的遊戲規則也在糾葛改變，也有很多不確定急速變化的因素。世紀大災難疫情擾亂整個地球。烏克蘭事件，全球興起的制裁活動破壞了金錢的遊戲規則，台灣問題，中美冷戰熱戰從此開始，活像第三次世界大戰，世界嚴重糾結中。我們生活在香港，背靠國家強大實力和諧社會的支持，實在是全世界最幸運的中華民族。

把官僚的帽子拿下來！我們又不是法官，也不是神父，在歷史命運大自然中今天世界大事只是歷史中一粒微塵，但在家庭層面中我們就是主角！我們的決定就是糾結與和諧的決定！什麼是我們最困難的決定？就是「糾葛與和諧共存」！與生活講和！

在死亡面前真正懂得了與「生活講和」，這簡直是一個充滿哲理的審美現場，死亡是一種自然，但大多數未面臨死亡的人覺得自己高於自然，擁有越多越好！越長命越好！錢越多越好！享受越多越好！我們反復地對別人這麼說，別人又反復地對我們這麼說，一遍又一遍直到人人都認為這是真理，大多數人會受它迷惑而失去自己的判斷力。我有位朋友說：「現在什麼都沒有了！除了錢！」

「策動金錢」
影片

　　烏拉圭總統穆希卡在執政的時候，最令人動容的政見是：「在我治理之下的國家，是不會出現乞丐，因為那是一個國家貧窮的記號和恥辱，我要讓烏拉圭所有人民都有食物，不會飢餓。」果然，當他卸任時，烏拉圭全國飼養的牛隻仔已經超過 1500 萬頭，比全國 330 多萬人民還有多出五倍的數量。

　　他卸任時所有來訪記者說：「我是全世界最富有的國家，因為我每個月所領到的薪水（11,000 美元），多到還有 10,000 美元可以分享給需要的人，誰說我是最貧窮的總統呢？」

　　貧窮，就是指不夠；因為不夠，才會想要索取更多；我因為太富有，所以沒有欠缺，也會與需要的人分享。一個人若是知道分享，就表示他已經夠了，且是夠多了。面對這些來自歐美的媒體記者，他分享了一段南美洲原住民所說的諺語：「貧窮，並不是因為擁有太少，而是需要太多。結果永遠不會滿足，這才是真正的貧窮。」

　　耶穌也說過的話：「你們要謹慎自守，躲避各樣的貪婪，因為，一個人無論怎麼富裕，他真生命不在乎他有多少財產。」*路加福音 12:15*

　　使徒保羅也這樣說：「一個人若知足，宗教的確可以使他富有。我們到這世界，沒有帶來什麼，我們又能從世界帶走什麼呢？如果我們有得吃，有得穿，就該知足。」*提摩太／弟茂德前書 6：6-8*

　　不論是現實環境，或是心靈層面，穆希卡總統的這番話，都值得我們深深省思。

　　當下，我們生活在信息時代洪流中。關於生命知識與生命態度的各種信息洶涌而來，無時不在我們周圍。如果以「衰老」這個人類永恒話題的感悟與探討爲題，我們該如何把握？熟「舊」孰「新」？現代生命知識肯定是新的，但是古老而又有生命力的精神境界，或者說生命態度，是否在人的智慧層面上，也在不斷提示我們，關照我們？

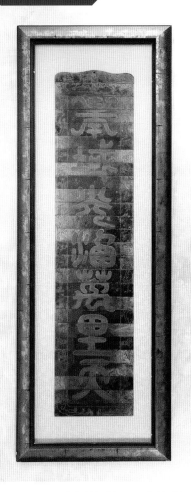

「福海朗照千秋月，壽域光涵萬里天」

　　這是一對賀壽對聯，每對對聯由 26 塊古玉一片片用黃金文字及漢朝老虎圖案砌成賀壽對聯。能夠擁有「福海」和「壽域」都是有和諧綿綿，承宗接代的含義。

　　這副對聯放在我睡房的門口，每次進入房間前必會看到提醒我人生的目標要開心活力到 120 歲。我住在淺水灣最近沙灘的一間別墅，從家中走到海灘的私家閘門只需要 2 分鐘，栽種了大樹菠蘿樹，噴水池花園，在四樓，另有無敵海景天台。兒子離婚了與三個孫仔女住在四樓，我與太太住在三樓，二樓是擺放我的古董大廳、書房、麻雀房和家庭大電視客廳，旁邊有一個花園平台，地下就是飯廳和面對大樹花園的大客廳了。目前我是在一間世界最大的保險公司任區域執行總監，經過 45 年的折騰和打拼，目前家族團隊都接近四千人，並且蟬聯個人最高的收入。我必須列出自己的經歷才有少許資格謙虛的和向旁邊人分享目前我對生命的洞見。

　　我除了全職做保險財務策劃及同步做人才資本培訓管理工作外，亦有研究人的硬件和軟件部份 30 多年了。我承認我是多種工作狂 'Multitask Workaholic'，有時寫書至深夜三四點，「開心活力到 120 歲」是我常常掛在嘴邊不斷與人分享的信息。我曾經與我的老友同事在按摩桑拿的時候分享，他對我說活到 60 歲夠了，估不到他的說話兌現了，表面上他不煙不酒，經常運動，常常展現他的六舊腹肌（雖然看不到，但肯定他沒有肚腩的），他的事業及經濟條件也不錯，他的離世令行業及朋友非常惋惜。當今醫學倡明已經證實內心的抑鬱糾結是健康的致命傷，也是危疾的泉源，特別是家庭層面的和諧關係至為重要。

金子變石子

老生常談的故事......古時有一大富人家，家人常常看到主人老人家晚上閂上房門，都會拿出一箱金子出來，聽到老人家移動箱子裏金子的聲音，數着還有多少黃金，間中老人家又會對家人說：「我死了之後，這箱金子就是你們的了。」那時候老人家要茶有茶，要水有水。媳婦們都服待周到，百年之後家人將箱子打開，裏面全部都是石頭。故事的目的：老人家晚年過着愉快的生活。

我曾經都有過不愉快的經驗......一生人極少喝醉，有一次醉酒 4 分，回家後頭痛。我叫太太用熱水毛巾給我額頭紓緩一下，做兩次之後她竟然向我發脾氣，說手痛不能扭乾熱毛巾，因此我們爭吵一回。我說幸好我還沒有中風行動不方便，若將來老了怎麼可以依靠你照顧我！我們都很少爭吵，這次之後我突然間有所頓悟。我們結婚快 50 年，她年紀和我相若今天都 70 多了，她可能過去 20 多年來還沒有需要作雙手扭乾燙手毛巾的動作，怎麼可以依賴將來一位婆婆年紀大了，行動不便了，還要服待自己？幾天後我把內心感受分享給我兒子及太太，我開了家庭會議，我說如果我年紀大了，有一天我行動不方便，我要求一位漂亮年青的女士照顧我起居飲食（傭人不拘），我澄清那時我不能照顧老婆，老婆也不能照顧我，也要求不能把我們送到老人院。我住的地方是我打拼回來的，老了希望能安居這個地方，在花園曬曬太陽或傭人帶我到海灘走走，這是我的要求，兒孫們都聽到了。

專家分析中國人 86% 看病的錢都花在生命最後幾年。我的家庭成員誰願意幫我花這些錢？我和太太一家大細都買了可以到一百歲的「CEO 醫療保險」，可以使用五千萬私家醫院醫療費用。因為我知道留財產給子女也不

確定是否未來會用（現金）來給我做醫療費，基本人壽都有了，每個孫兒我也選購了給他們的終身分紅保險，將來他們大了會知道爺爺對他們的小小心意，這都是反過來「石了變金了」的故事。

變革之舞

究竟一生人需求什麼？最需要什麼？二十世紀都有很多專家，心理學家研究的需求層面，包括馬斯洛五層面需求，赫茲伯格雙因子理論，麥克里蘭三需求，阿爾德弗 ERG 需求等動機理論研究。過去 20 年我也從事人才資本發展研究和實踐培訓，由 18 到 75 歲在香港政府認可的「持續進修基金」裏我主持的個人工作間「潛能開發訓練項目」中「劇變」體驗式培訓課程。

「自我實現」影片

什麼是「劇變」？

每個人在一生中都會扮演不同角色，例如兒女、父母、學生、經理或總裁老闆等等，實際上扮演人生角色是一門很深的學問，人生舞台究竟誰是導演？監製？編劇？誰是主角？配角或茄喱啡（可有可無的角色）？「劇變」誰來做主？

「馬斯洛宣言」影片

管理人或當家之主要有洞見！為何 Why 製作喜劇或恐怖電影？悲情與激情！色情與愛情！戰爭與和平！受害者與加害者！都是很多電影的題材，但最重要還是有那麼多角色選擇中，為何我要選擇這個角色扮演？經歷 20 多年各階層，各行業，各職位，從販夫走卒到社會僑領，培訓不同的人數達萬人，從中給我的啟發和學習研究獲益良多。

九、做人的權利

「做人的權利」
影片

今天物資豐富，滿足人的需求。現在科技發達，物資豐富也變成可以隨手可得。人的需求除了衣食住行滿足之外，也變得複雜，難以量度，也不知道真正想要什麼？21世紀新人類需求是什麼？到元宇宙時代我們需求什麼？人是什麼？你我有何分別？今天的人類實在太複雜了！如果將「人」作為一個字來分析，在今天科學領域實在太籠統了。

其實我們在一千年前與今天的生活基本需求都是差不多的，我們都是這樣吃飯，這樣去洗手間，這樣睡覺，只是走路時間的速度快了很多。但我們歸根到底的需求動機是：如何避開我們的糾葛？如何獲得我們的和諧？現在我們暫時回歸人的當初，返回《大學之道》：「物有本末，事有終始。知所先後，則近道矣」，「本末」的意思是分開那個最重要和次要！「終始」是以結果為開始'Result oriented'和知道「先後次序」則可以接近真的道理。

香港第六任特首李家超先生選舉口號就是「以結果為目標」，過去政府行政手段都是「程序」為依歸，根據我與政府做事的經驗，他們的口號是「程序」，若程序不對，「結果」怎樣也會犯規，功勞作廢！所以香港政府過去行政手段都要經過相當的程序又程序，拖延了很多社會的工作。我在20年前花了十萬元(商務機票都佔了大半)到紐約上一天的課程，學習如何寫書，學會一個英文字已經值回票價，就是'Perfection is procrastination'「完美就是拖延」，寫作書籍都必先盡快完成「結果」，你想寫什麼？書名是什

麼？整本書的構思和框架佈局初稿，然後再回頭完善起承轉合的內容，大多數人都是耽誤在起點或程序，太着重完美的開始，到後來根本找不到完美，只有拖延再拖延，一事無成。

當然龐大的政府架構是需要有一個完善的管理系統，程序就是一個關卡，盡量避免有錯失！但因時制異，非常時期有非常的策略，比如一位創業者一定要不斷創造結果，以結果為目標。守業者就是按程序確保不失。我以前公司集團的創業口號就是 'The biggest-risk is not taking one' 最大的風險就是從來未嘗試風險。一間公司要不斷創新，增長面對風險是必然的階段，創新增長和風險管理就是考驗一位領導人的管治能力。多做多錯唔做唔錯，這樣的行政管理將會是萎靡不振的，這都是以前特區政府行政上的詬病！

香港經歷 25 年前朝政府後遺的管治糾葛。今天國家止亂制暴，配合國家及世界新形勢。2022 年新特首領導班子就是開始一個創新的階段，重新變革再出發，就是未來香港政府管治的內涵價值，李家超先生將會如何書寫「我和我們 同開新篇」。

物有本末（人的硬件）

現在我希望你將人的「本」是我們的思想，為我們最重要的部份，肉體才是我們的「末」醫學也是這樣定論，如果腦細胞活動沒有了，就證明這個人是死亡，所以思想是我們的「本」，我將人的「本」作為我們的硬件，我們的思想形成是結構性的框架。

小時候我們在不同「環境」長大（單親家庭，貧苦富貴）開始會形成我

們的「行為」表現（積極消極樂觀悲觀），繼而通過我們的學習「能力」，特別是老師給我們的評價是好學生還是壞學生，及後的工作勝任程度，從而影響我們的「信念」系統（可為與不可為），繼而形成我們的「價值」觀念（什麼是最重要？但大多數人都是價值觀念模糊，西方哲學家說懂得價值的人萬中無一），再成為我們的角色，我就是這樣！（我是誰？我為什麼來到這個世界？）

　　一個著名的傳統心理學例子：一位患有心理問題的人，他相信自己是殭屍，經常對人說他是殭屍，精神科專家嘗試說服他不是殭屍，專家對他說殭屍是死了因此是沒有血的（他的表情表示同意）「現在我給你證明你不是殭屍」，於是醫生用針頭刺他手指讓血液流出，那病人出奇蹟說：「我被詛咒該死僵屍都會出血！」*參考資料 #9*

　　事實上當一個人信念系統形成之後，縱使周遭環境及行為證實也不能改變他自己相信的事實！特別是從年青時代開始形成他們的角色，價值觀，信念系統與事實環境證明是兩回事。香港過去幾年「佔中」暴亂事件都是年青人在香港舊教育制度和回歸後社會環境影響，形成他們的角色，價值觀和信念，而動亂就是他們的能力行為製造環境的結果。

　　現在返回第四集「家庭層面的糾葛」，人的六層面邏輯思考，過去 30 年我也做很多研究及培訓，也有一些影片可以給你參考。

培訓資料、簡介
影片

價值觀念的形成

人的硬件部份

「本」分析如下：

> ### 硬件的六個層面：（六個邏輯思考層面）
>
> **角色** *(Identity)*：真實功能扮演 (自我認定身份)
>
> **價值觀** *(Values)*：什麼是最重要 (最終心境感受)
>
> **信念** *(Beliefs)*：可為與不可為 (有例證支撐 Frame of reference)
>
> **能力** *(Capability)*：實力魄力實踐 (有能力勝任)
>
> **行為** *(Behaviors)*：積極或消極 樂觀或悲觀態度 (所作所為的態度)
>
> **環境** *(Environment)*：周遭天時地利人和的掌握 (受外面世界約束的事實)

「我的硬件」影片

請返回第七章《價值轉乾坤》

事實的三種意義或解釋：

人的硬件部份 (本) 六個邏輯思考層面：

事實 A 是客觀存在的事實屬於本體的範疇是實際存在着：你的角色層面。

事實 B 是事實 A 的引伸對事。事實 A 是客觀事物的主觀詮釋及描述和判斷，是經驗世界，價值觀層面。

事實 C 是事實 A 及 B 的引伸，對事實 A 客觀事物的功能正確真實的感受和反應是你的信念層面。

　　角色、價值觀和信念是主觀理想和目標的依據，都是我們一個價值系統觀念的形成，是人的硬件核心部份。

　　能力、行為和環境是可量度的「事實的脈絡」，只有你確實了解事實認識事實的真相，能夠把握客觀事實的發展規律，才可產生價值的效果。

事有終始 （人的軟件）

《大學之道》「事有終始」，我們的「終」是我們的需求，日做夜做為了什麼？過去 30 年培訓實踐研究中，我們將人分為兩個部份，有硬件和軟件。硬件部份是我們思想「本」；軟件部份是我們的需求「終」。

人的最新六項需求動機內涵 （軟件）「終」

在美國 Tony Robbins 培訓中，他的培訓內容啟蒙了 21 世紀新人的六項需求 ʻSix Human Needsʼ 。參考資料 #10

他說人做什麼事都有理由的。自殺是他的理由，每天工作 18 小時都有他的理由。這也是一個很大的哲學題目，很多人也不知道來到這個世界真的需求什麼？

1994 年與 Anthony Robbins
在美國聖地牙哥上課合照

這六項需求動機內涵是：

人的軟件部份，六項需求「終」的分析如下：

I. **實在自在** *(Certainty)* **恰到好處，非假，確定性的需求：**

「我的軟件 part1」
影片

你自己做人處事，具有把握能力，能夠控制及適應壓力發生；或具有創造力及加強快樂的方法，使生活更真實而非虛假，同時擁有全面性安全感（具有生存把握感），使生活更逍遙自在。

> 使用工具或手段（動機過程）
>
> 例如：達到控制、把握　要求一致性　學習得來的助感　完成任務
> 　　　角色扮演　財富管理　信任

我們都希望需求是實在的，有安全感和穩定和可預測的。有被人需要的感覺，工作上被重視及達到目標，家庭的穩定性和朋友的確定性。我們都希望避開糾葛和獲得自由自在和諧的遇見。

II. **多姿多彩** *(Variety)* **多樣性，挑戰刺激是人生的調味品：**

「我的軟件 part2」
影片

與「實在自在」對立矛盾，要意想不到，差異不同的感受，挑戰（成長經常要不確定的刺激）刺激（多樣化的是人生的調味品）。

> 使用工具或手段（動機過程）
>
> 例如：電子遊戲　元宇宙世界　酒　藥物　電影/娛樂活動　運動
> 　　　食物　人際關係　工作　賭博　與人溝通　男女關係　學習
> 　　　提升自我　新環境　性愛

有時太容易獲得反而覺得枯燥無味，我們有時也需要刺激和出奇亮點，令生活多姿多彩。例如世界波的入球，賭博，娛樂賽車，遊樂場的激蕩。

III. 存在意義 (Significant) **獨特性，被重視，有意義的感覺：**

有被人需要的感覺、被重視及有目的的感覺，要有獨特性、有意義的感覺。

使用工具或手段（動機過程）

> 例如：競爭對手　控制別人　正負面的身份/不幸者角色　物質佔有
> 學歷　成就　風格　地位認受性　培養新技能及知識
> 與歷史或環保　人的憐憫或反叛性　與眾不同
> 稀有(想被用作產生獨特或重要性的準則)

我們都希望受到重視，感覺與眾不同，也希望生命賦予意義。不願意做可有可無的工作，有時可能以打到別人顯示自己的存在。

IV. 關係 (Love/Connection) **歸屬，親密，信任程度的感覺：**

有團結，一致性及分享親密的感覺，是屬於其中一份子的感覺，團成一致的感覺。

使用工具或手段（動機過程）

> 例如：對弱者的同情　做負面的行為成為對方的敵人　社團　專制行事
> 奉獻回饋　人際關係　靈性　在大自然中/環保　寵物　自我犧牲
> 性愛　家庭系統　藝術　社會組織

我們都會努力連結與周遭人物的關係，希望成為團體重要的一份子，這種愛的需求建基於一種歸屬感。希望連結家庭、公司、社會成為他們重要的一份子。

V. 成長 (Growth) 伸展或改善，改變的學習：

學習、改變或擴張領域，伸展或改善，與眾不同。

使用工具話手段（動機過程）

> *例如:* 家庭　朋友　學業(持續進修)　公司、事業　社會關係　國家實力
> 健康　精神(非物質)　物資擁有(財富)

我們都希望不斷成長擴闊我們專業的領域，不希望停滯不前，我們都會努力擴展，情感，靈性，身體，財富及智慧。

VI. 回饋 (Contribution) 是良知與正義，存在感激回贈恩惠：

報答、回贈、感激以前給你的恩惠：幫助、擴展、發展、建立或建樹一種模範，是良知與正義存在生命敏銳的感覺。

使用工具或手段（動機過程）

> *例如:* 家庭　朋友　公司、事業　社會　國家　社團組織

這個需求是希望協助，貢獻和支持更大的目標和更有意義的事情，令到付出更大化和更有價值。

十、
人的自我 (Ego)

　　我從事財務策劃和人才資本培訓，正正就是需要了解人的需求？也需要了解人是什麼？我為什麼需要買保險？我為什麼需要接受培訓？

　　人都有自我 Ego，正如人人都在不同環境長大，形成他的行為能力，信念價值觀和角色扮演，這都是「自我」。我怎會給你知道我想需求什麼！為何要給你改變我！《糾葛與和諧》這本書的內容就是這個改變的主題，其中就涉及到我是誰？我需求什麼？這都是一系列非常深層面的哲學問題！這就是我的工作。也就是你仍然在這裏的原因！

　　培訓是什麼？培訓就是改變！就是從 A 到 B，從 B 到 S！

　　在我培訓輔導工作中，我一直喜歡用這一個比喻：

　　如果要培訓輔導小狗，方法就是用一條狗帶綁住他的頭，重複又重複指令動作。

　　培訓獅子需要左手拿着椅子，右手拿着鞭子，椅子是混淆他的視線，鞭子是懲罰他的抗拒。

培訓海豚是比較有智慧的動物，在海中比較難駕馭，需要引導牠跳離開海上，在高台上給牠獎勵，有時給牠一條魚，當牠跳得更高的時候獎勵牠更多的魚，牠每一次跳高，需求就是一種驚訝獎賞。（Surprise）

培訓猴子，我在 40 年前親眼在福州看過馬戲班培訓猴子，馬戲班捉着一隻野猴子，將牠雙手綁在單車上，猴子在單車上掙扎，訓練員在猴子面前拿着一隻山雞，拿着刀子活生生將山雞的頸割下來，鮮紅色的血湧泉的掉在地上，訓練員馬上指令猴子踩單車，猴子聽命如實操作。這都是我們的成語：殺雞儆猴。

這都是四種類不同的培訓輔導工作，我告訴我的學生培訓或輔導要了解對象是誰 'Training need analysis' 對方若是獅子，你用海豚的方法可能連你都給牠吃掉！人的對象更加複雜，東方人同西方人根本不同種類，這一點不容多說，我們中國不同省市的人也有不同的風格風範，在不同宗教種族和環境文化長大，男女也有不同，就是每一個人的自我 Ego。

有一個真實的例子就是我有一位學生，他聽了我培訓的四個故事後，他回到上海參與一間公司上市工作，他本來是一位香港上市公司的財務官，後期被新老闆挖角，他離職到上海接任新的工作，以前的經驗告訴他，我這個培訓故事非常實用，他在第一次公司舉行的會議，採用我建議他的方法，他對會議室的高層演說：第一他將他在香港會計師及在星加坡的資歷，雜誌報刊的訪問及過去業績的紀錄放在枱上，讓其他高層參閱。第二他跟着說：「我在香港被你們的老闆挖角到上海接任新工作。目標就是協助你們的老闆在香港上市，因為時間上的要求我希望能加快工作上的進度，凡事幫助我做好上市工作的就是我的朋友。如果不能配合或從中作梗的就是我的敵人，希望各

位能夠配合配合！」之後他超額完成並且實現在香港成功上市，他對我說在國內都是要「結果」為依歸，很多人為了禮貌或謙虛，習慣程序工作，很多時都會用客套說話要身邊的人「指教指教」，這樣必定被身邊的人指手畫腳，遊花園拖延。之後這 20 年身為香港人的他，也成功成為國企的財務官及首席行政長官，我們也成為好朋友。

在國內我也有參與培訓師課程，他們也認為培訓師是一種危險的工作，若工業生產培訓不合規格的產品，我們叫他做次貨或廢品。若人才培訓師培訓出來不合格人物，我們叫他做危險品，可能為害公司或社會。

所以還是歸於原點，返回我們中國文化萬世師表孔子學說：「大學之道，在明明德，在親民，在止於至善。知止而後有定；定而後能靜；靜而後能安；安而後能慮；慮而後能得。 物有本末，事有終始。知所先後，則近道矣。」經過數千年的文化歷史磨練，無論科學如何發達都只是外面的景象，還是回歸人的初心，初心變成正覺，正念，「至善」以極善目標，用現代語言「至高誠信」為目標，這也是我們目前保險人的職業守則。

「我的需求、
現在的我」
影片

劇變

「**劇變**」是一項經歷超過 20 多年驗證不斷改良，務實而立刻體驗企業生命效益的培訓；採用美國最新式「加速體驗」學習，重估人格的獨特性，改善人格的策略性，體驗人才資本增值過程；讓你需要數年鍛鍊之領袖特質，於 42 小時內深切結構性體驗實踐，提供領袖魅力的必要條件，令企業家素質有突破性的提升，成效顯著深入，口碑奇佳。

「人生如戲劇」每個人於一生中都要扮演不同角色，如兒女、父母、學生、文員、經理或總裁老闆等等；他們可以於某個階段演出精彩，令人產生共鳴，亦可能於某個或整個階段扮演失敗角色，實際上扮演人生角色是一門很深的學問，人生舞台究竟誰是導演、監製、編劇，誰是主角、配角或茄喱啡。

「劇變」一項潛能開發基礎建設鍛鍊，使參與者從新眼睛看世界，建立變革的「心智模式」，為變革提供自我醒覺與負完全責任。某程度上是人生態度及角色扮演的探查，通過互相參與密集式訓練，和體驗「工作間的人際及個人才能表現」，可以重估人格的獨特性，改善人格的策略性，提供領袖魅力的必要條件。在人文及社會科學領域，「劇變理論」曾被應用在經濟危機、政治決策及競爭策略等研究課題，並且取得了重要成果。此外，在文化藝術理論和認知心理學領域，劇變理論也有着重要的應用價值。

個人只需 **HK$4,800**
*請參考 CEF

20 多年驗證超過 **152** 次，超過 **5500 人**
的全面數據評估，整體滿意評分超過 98%
鍛鍊為期四天及包兩晚住宿，
總培訓鍛鍊不少於 42 小時，費用 HK$20,000
成功申請「持續進修基金」可獲資助高達 80% 費用。
課程編號 Course Code：27Z02312 - 4

"Hi-ME" 實現工程有限公司
"Hi-ME" Transformation Ltd.

熱線電話：2881 0787 ｜ 電郵：info@hi-me.com

十一、
新價值轉乾坤

舊書攤與圖書館

兩者都是儲存圖書籍，讓有需要的人可以選擇他的知識需求。但兩者的分別是前者是堆疊而成，都是由書攤的負責人在很多不同的年月日，分別收購不同的書籍。顧客只有找到負責人才能在堆疊中找到他要的書籍；後者在圖書館未營業之前一本書都沒有，首先要建立一個儲存系統，分門別類在不同年月日收購不同種類的書籍，顧客只需要在系統中馬上可以找到他們的需求。

「物有本末」我們的本來面目都是在孩童不同環境長大，產生不同行為表現，形成我們的能力高低，經歷例證支持我們的信念，在潛意識建立價值觀，自我認定成為我就是「我」，所以六十億人類，六十億世界，每一個人都只知道我要什麼？這都是糾葛再糾葛持久的內外戰爭！我們就是這樣像舊書攤堆疊而成。

今天的社會及心理學家已經將人分為六個邏輯思考層面，人的需求也分為六大範疇，我不是堆疊而成的「我」，如果將「我」分為我的角色，我的價值觀，我的信念，我的能力，我的行為，我的環境，有層次有系統的分門別類。今天的「我」必須由角色扮演開始，由上而下才能改善周遭的環境。我們的需求更加是花花世界，無窮無盡，百般滋味在心頭。究竟需求什麼？我真正要什麼？除非有系統層次的分開。否則大多數人死到臨頭也只有懊悔！

經過差不多 30 多年的研究，我發現就如電腦硬件軟件的配合有很大的啟蒙作用，以下的圖解你的人格架構，可以作為你的軟硬件糾葛與和諧分析，我想大家做一個實驗，將我們的硬件和軟件這樣的配對：

我的角色需求是 ⋯⋯ *A B C D E F*（只可選一　不可重複）
我的價值需求是 ⋯⋯ *A B C D E F*（只可選一　不可重複）
我的信念需求是 ⋯⋯ *A B C D E F*（只可選一　不可重複）
我的能力需求是 ⋯⋯ *A B C D E F*（只可選一　不可重複）
我的行為需求是 ⋯⋯ *A B C D E F*（只可選一　不可重複）
我的環境需求是 ⋯⋯ *A B C D E F*（只可選一　不可重複）

我的硬件（硬件是結構性的框架不可移動）
我的軟件需求（軟件是可移動配對的）
A 實在自在　B 多姿多彩　C 存在意義　D 關係　E 成長　F 回饋

例子參考：

將你的軟件範疇配對硬件需求，例如：

你的硬件分為六個層面（本）　　　你的需求分為六個範疇（終）

然後按每一層面硬件，最具代表性，最適合的 (the most appropriate 的) 需求是什麼？不可以重複選擇軟件。

A 實在自在　　B 多姿多彩　　C 存在意義
D 關係　　　　E 成長　　　　F 回饋

我的硬件：

角色
價值
信念
能力
行為
環境

我的軟件(配對)

人格架構硬件與軟件整合

每一個層面軟件配置都有六個可能性，總數會有 216 可能性，你要選擇最適合代表這一個層面，不可重複。如果你做好之後發覺仍有問題，可以重新參考 P.51 人的六項需求，那麼可以將這個需求層面再調配。

第一個實驗工作坊

整合（一）：「現在的我」配對

我的軟件配對

A 實在自在　B 多姿多彩　C 存在意義　D 關係　E 成長　F 回饋

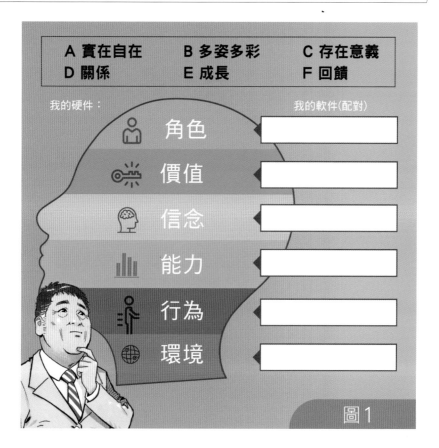

圖1

這是硬件與軟件的整合，是前所未見，最獨特深入性的需求測試，像最新開的圖書館有系統找尋「你」所需求的過程手段，了解我的需求槓桿原理，什麼是工作動機、角色動機、性格動機、神經質動機，從而了解你的每一個決定或選擇的最根本原因和引起的可能結果，再做結構性不朽的動機內涵，領導你擁有可持續發展的人格架構。

第二個實驗工作坊

企業也有六個層面的硬件

同樣的硬件和軟件層面放在組織或企業上又有不同的感受。

例如：

企業角色定位
Corporate identity：

這是一個真實的例子，現在大家慣用電腦的滑鼠 mouse 是誰發明的？很多人以為是 Apple，真實情況是當年（Xerox 蘭克施樂）影印機集團恐怕未來會無紙化，希望開發電腦行業，所以投資 20 億美元開發了 Star 公司，這就是 Macintosh 的前身，希望發展個人電腦行業，雖然發明了 mouse，但由於一系列的市場調查發覺 Xerox 在消費者眼中的企業角色 (Corporate identity) 形象和能力如果在個人電腦發展，將會難得到消費者信任，營銷會是事倍功半，最後還是放棄了電腦行業，重新專注後期的電腦掃描發展。
參考資料 #11

企業的角色身份扮演是在市場學消費者定位非常重要。國內的企業角色定位多元化，資源不能集中，槓桿化厲害，導致企業經營很大的風險。現在我將企業的六個層面架構如下：

企業六層面硬件「本」

企業角色 *(Corporate identity):* 實際功能扮演，領導形象

價值主張 *(Corporate value):* 什麼是最重要？顧客期望

企業信念 *(Corporate belief):* 可為與不可為，遊戲規則

企業能力 *(Corporate capability):* 實力及人才資本 3 C (Competence, Commitment, Corporate culture)

企業行為 *(Corporate behaviour):* 團隊精神，組織氣候

企業環境 *(Corporate environment):* 天時地利人和發展，企業文化狀況

企業的軟件六項需求（軟件）「終」

由於我從事保險行業的關係，一直要接觸的就是企業的老闆，跟着就是企業的 HR Human Resource 部門（要做公司的團體保險）。一個很好的學習是 40 多年來我在一間跨國世界最大的保險金融集團工作，早前資產值上萬億美元，由於我的業績都是名列前茅，有機會接觸公司最大的老闆，他們也喜歡與我聊天。我一直留意最大老闆的處事對人的風格，最大大的老闆做事都是快狠準，其次都是忍進精。新到的大老闆上場，第一就是看 HR 部門阿頭是否合適人選，若不對口第一個開除就是這一位關鍵人物，因為一間數百億的集團第一關口就是由這個部門招募合適人才，若他的風格領導跟不上他，將會拖延公司發展的步伐。

　　我閱讀過不少企業管治的書籍，通常我會先快速了解書的編輯目錄，來決定是否研究學習方向，也做了很多企業培訓，再造工作。總括來說，它們有一個共通點都是着重人職匹配，執行力，商業模式，戰略和創造力，企業願景，價值觀，使命和目標。雖然看似複雜，但發覺都會回歸原點營運企業的初心，這些都是企業的硬件和軟件。現在我也把兩個部份分開來給你一個很有趣的分析研究。

　　現在也請你做一個非常重要的實驗工作坊，現在你的身份是一間企業的總裁或老闆，企業的存亡你將是關鍵人物，現在請你將企業的軟件，就像上文你個人的軟件一樣，分層次把它配對在企業的硬件層面，以便找出你企業的糾葛。

整合（二）：我是企業家或老闆的配對（「企業的我」配對）

圖2

一定要找出你的糾葛的因素。

這是一個極具挑戰，變革進程（Transformation Agenda）企業再做競爭價值工作坊

十二、
新眼睛看世界

現在到了關鍵時刻，當你完成上列個人的軟硬件組合，企業家的軟硬件組合，你會發覺有什麼差別？從每一層面硬件配合每一個軟件的需求，兩者角色有何分別？什麼是工作動機？角色動機？性格動機？神經質動機？從而了解你的每一個決定或選擇的最根本原因引起的可能需求結果。這些結果又產生更多的觀察資料是我是個怎麼樣的人！以上的實驗結果非常重要，是記錄你糾葛的全案。從書本中獲取知識是一種與互聯網不同的體驗，互聯網聚焦於訊息領域，極大地促進了訊息的傳播，搜索引擎能夠越來越快地處理越來越複雜的問題，互聯網從大量訊息中很快找到答案，但不能產生消化反饋的智慧，成為你身體的一部份，過度抓取訊息可能反而抑制了智慧的獲取，讓領導能力的洞見更加遙不可及。我希望你把剛才的體驗學習有利於概念思考，即能夠識別可比的數據和事實，並把這種模式應用於未來。

找出治本思考環路^{參考資料 #12} 第五項修練 The fifth discipline 之間的關鍵。

我在軟硬件個人角色（圖 1）與企業家角色觀察到：

1. 我自己在那層面上是自相矛盾的人？

2. 什麼令我有這種想法？

3. 不同層面內容及矛盾性是什麼？

4. 可否回想你過去的例子會構成怎麼樣的糾葛？

江山易改　本性再移

Why?

什麼動機內涵

（我的硬件內涵價值）

How?

怎麼樣動機 需求過程

（我的軟件追求的手段）

如果我的角色是：整合（一）「現在的我」與

　　　　　　　　　整合（二）「企業家」「老闆」「企業的我」的配對

答案有何不同？

希望你能諒解我不立刻將答案寫在這頁紙上，因為如果你未曾親身做過這個實驗，找出你硬軟件的的需求過程手段的誤差 (bugs)。如果有！如果你已經找到在本書的答案，請填寫在圖 3 表格上。配合在動機需求硬件的層面上，那麼你就會找到高槓桿解基因！

找到高槓桿解基因「我是誰」

請你回答以下的問題：

1. 識別你從整合（一）與（二）及整合（三）軟硬件角度層面需求過程手段去看問題有何不同？

2. 事件的發生和層面模式的角度！

3. 成為結構性力量的俘虜是因為我沒有注意這種力量的存在！

4. 使用為什麼 Why 及如何！ How 問一些具人格架構層面的焦點問題！

整合（三）
工作坊：

圖3

　　現在我將這一個實驗答案給你參考一下，請你在本書中第 13 頁找尋你動機過程軟件的答案！　　　　　◇ **請填上本書第 13 頁最後一幅漫畫隱藏的答案**

事實與價值

經過你本性再移工作坊後，人是什麼？人是什麼？我是誰？總結來說我將人分為兩個部份，硬件部份是我們的「本」，是我們思考的六個邏輯層面。軟件部份是我們的「終」，是我們的六項需求。

以前很多人說我要的是錢，我的價值觀追求是最有錢，我的價值是最大的豪宅，私人飛機，遊艇……無窮無盡的物質需求。前文已經說過「價值的問題只是能減少身體或心靈痛苦，而有利於或能增進心境舒適和諧的感覺就是價值」，金錢和物質都只是追求心境舒適感覺上的工具和手段。

事實 A 是事實世界，你的「角色扮演」。配對你需求「軟件」的工具和手段。

事實 B 是主觀臆造事實 A 的經驗世界，是你的「價值觀」。配對你需求「軟件」的工具和手段。

事實 C 是主觀心境與事實 A 及 B 的混合體的正確感受功能描述，是你的「信念系統」。配對你需求「軟件」的工具和手段。

你的能力、行為、和環境層面是從上列事實推論出可以量度的「事實的脈絡」，這就是你整個人事實與價值的含義。是你配對「軟件」的工具和手段，結構性的人格架構。

現在請你細心答覆以下的問題：

1. 先定立我們的角色扮演需求什麼！

2. 然後清晰我們的價值主張動機需求！

3. 再明確我們的信念系統，需求怎樣的支撐和證明 Frame of reference，這是我們的核心層面部份，以「事實」為依歸，由上而下，如果不清楚確立，下面層面將會難以控制和管理。

4. 我們的能力層面需求如何不斷改善和提升！

5. 我們的行為層面需求如何達到積極和樂觀！

6. 我們周遭的環境層面需求如何達到最終的目的！

　　我們的思考需要有邏輯性的層面，邏輯的意思就是順其自然不可互相矛盾 common sense，這是一個很簡單的名詞，如果基本的邏輯都沒有的人，是製造糾葛的原因。

硬軟件整合的糾葛人生

當然也有些人喜歡和選擇糾葛的人生，例如革命使者日本的三島由紀夫，他的角色肯定選擇「存在意義」，價值觀可能是「多姿多彩」，信念可能是「回饋」。烏克蘭總統是演員出身，通常角色都是「多姿多彩」，價值觀是「成長」，信念可能是「存在」意義。但最重要一點是他們選擇自己扮演角色，由於其他硬件軟件層次需求模糊矛盾，可能也不知道自己在演出一場什麼「劇變！和怎樣的糾葛！製造了什麼格局。」也想你找熟悉的人研究他的軟硬件配對，例如馬雲，曹德旺，范冰冰或歷史人物胡雪岩等等，這是一個很有趣味性的研究，從中可能也提升你的軟硬件配對感受和得着。

分析糾葛的軟硬件組合，問題例子：

例子：1	
角色 ＝ 多姿多彩 **價值觀 ＝ 成長** **信念 ＝ 回饋**	若角色需求是「多姿多彩」人生動機過程的分析：「多姿多彩」需求用不盡的資源配合，不斷追求角色新嘗試和刺激。下一層支撐點的價值觀需求是「成長」相對的「多姿多彩」更要增加「成長」源源不絕的「多姿多彩」是火上加油的貪婪。例如：（有些企業家角色追求多姿多彩，動機內容是刺激，多樣化的行業，下一層價值觀追求是成長的支撐點，等如需求不斷擴充伸展領域，再下一層信念支撐點層面是「回饋」，是要不斷的付出和擴充，又與上列兩項需求矛盾）好利者害顯而淺，好名者害隱而深，「多姿多彩」都是追求名利刺激角色，享受主義這樣的硬軟件需求核心層面，將會是非常危險人物製造周邊環境極大糾葛。

例子：2

角色＝成長
價值＝多姿多彩
信念＝存在意義

角色上「成長」的需求動機過程分析：「成長」是要不斷付出建設，下一層支撐點需求是「多姿多彩」就是支出，兩者之間是互相矛盾，沒有收入何來支出，例如：（可能是王妃戴安娜，球星馬勒當拿）再下一層支撐點信念是「存在意義」更加與「多姿多彩」互相對立，因為「存在意義」是需求被重視有意義的感覺，一邊要刺激支撐點卻是有意義的感覺，這樣的配對對自己內心價值糾結，自我角色否定是非常矛盾的人。

例子：3

角色＝關係
價值＝多姿多彩
信念＝回饋

角色需求是「關係」動機過程分析：需求一致性及分享親密的感覺 connected，但支撐點價值觀的「多姿多彩」卻是多樣性，刺激的感覺，如何維護角色的「關係」，例如：（要維繫夫妻間的「關係」角色，但不斷找尋刺激新鮮的感覺）失去自控。下一層支撐點「信念」是「回饋」，卻是良知與正義的發展的付出，一念天堂一念地獄，是罪惡感對現實的否認。

例子：4

角色＝存在意義
價值＝多姿多彩
信念＝回饋

角色需求是「存在意義」動機過程分析：被重視有意義的感覺，但支撐點價值觀是「多姿多彩」需求是多樣化刺激的價值觀，歸屬等級矛盾，因為前者是外面賦予的被重視感覺，後者是內心心境感受，也是外面給予的認同，需要無窮資源供應，例如：（有些歌星、球星、娛樂事業家、藝術家等信念更是「回饋」付出，這都是給人虛假角色，自己扮演也筋疲力盡。）

例子：5	
角色＝回饋 **價值＝存在意義** **信念＝成長**	角色需求是「回饋」動機過程分析：是良知與正義，建樹一種典範幫助和關心，價值觀的支撐點是「存在意義」，這都是一般宗教或社會工作者的層次，再加上下一層支撐點是「成長」，是需要龐大的資源持續支持，如果他的領導角色能夠超卓，能夠有號召力，各方面人力物力的支持，將會是偉大人物。例如 (德蘭修女、稻米之父袁隆平等)

例子：6	
角色＝實在自在 **價值觀＝回饋** **信念＝成長**	角色需求是「實在自在」動機過程分析：是真實非假，擁有全面性安全感使生活逍遙自在，但價值觀支撐點就是「回饋」，需要幫助擴展，正義存在生命的感覺，兩者的歸屬是要龐大不斷的資源配合，否則不能生活逍遙自在，下一層支撐點信念是「成長」也是不斷要支持上列價值觀「回饋」的需求，這一個需求層面與上不同，基於角色「實在自在 」是做人做事具有把握能力及控制上項角色需求「回饋」完全不同。所以第五項例子應該屬於非個人義務團體角色，第六項例子是屬於個人性質。所以除非個人能力有超乎義務團體或宗教團體能力，否則難以實踐上列軟硬件層面的配合。例子：(除非有世界級 Bill Gate、李嘉誠等富豪，否則角色層面將會是十分吃力和勞累。)

個案問答

1. 我的家庭背景和經歷對「關係」這個需求有疑惑，很難寫上我的六項需求層面？如何處理？

答：這個情況是明白的。很多個案由於過去家庭的糾葛，社會壞份子的欺詐，部份人也被「關係」這種需求濫用，或塗上愛情欺騙，或以贖罪作補償來維持關係，沉溺關係是一個痛苦的經歷，如果你不能將「關係」作為你六層面硬件的需求，那麼可以將它空白，或放在較低層面。其實這個軟硬件需求是有條件性，結構性，由上而下的，比如我的角色需求「實在自在」是建基於我的價值觀需求「關係」，例如：如果你單獨一個人在社會孤獨的生活，縱使全世界給了你，又何來得到「實在自在」？因為是需要主觀、客觀和環境辯證，才能潛意識感到「事實」的「實在自在」。#參考第七課價值傳乾坤接下來的「關係」也需要信念層面的「存在意義」的支撐，例如有人利用「關係」來欺騙你的角色，那麼這種關係又有什麼「存在意義」呢？所以六層面軟硬件的需求是由上而下，每一層面需要下面層面的支撐基礎才能形成這種需求，如果那一個人不符合「關係」的「存在意義」，那麼這個人就不屬於你的硬件需求，你只需要把他掉出去，因為你不需求他的關係，沒有人可以傷害你，除非你持續願意給他傷害！你只需要需求值得你「關係」的人物。

2. 我的角色是一位很有愛心樂於助人的人，所以我角色的需求是「回饋」價值觀也是「存在意義」，我的信念是「實在自在」，我的能力層面是「多姿多彩」，因為我希望什麼都能涉獵和學到。但也感到非常吃力，有時也感到經常被人利用，我的軟硬件需求有什麼問題？

答：這是一個事實！通常角色「回饋」支撐的價值觀是「存在意義」都是一位非常有愛心和願意付出貢獻的人，例如：宗教人士、社會工作者，但

這兩個需求都是需要無限的資源供應，一位教士可以一分錢都沒有，只需要祈禱和有大量熱心人士奉獻支出，也可以從零建築一間宏偉的教堂，而且可以源源不絕支出，社會工作者也可以從國家層面或社會中得到無限的支持。但如果「回饋」是個人行為，就會產生可能的糾葛，因為老千利用人有兩種方法：一是同情心，二是虛榮心，總言之「回饋」和「成長」的需求是支出的，不是物質就是精神勞力，如果是個人行為除非有龐大資源供應，否則將會是吃力不討好。

3. 我是生意人，我的企業層面角色的「成長」是我商業上的需求，也是我的自我實現存在價值的證明，那有什麼問題？

答：角色需求的「成長」一個過程，成長的定義是不斷擴張，學習改變伸展或改善，我們使用的工具和手段，可以是破壞性（負價值）或建設性（較高價值），例如：很多企業領袖不斷將公司角色需求擴張領域「成長」，公司的價值觀是「多姿多彩」經營各式各樣的行業，以為像在賭場上投注很多號碼，爭取贏得更多機會，這是非常危險的，因為「成長」是需要持續的付出和資源補充，支撐點是「多姿多彩」與前者不能補充，多姿多彩如何滿足成長的需求，這是互相矛盾的，當然很多企業利用槓桿原理，銀行信貸，五花八門的貸款，最後都會供不應求，功虧一簣。

4. 我是娛樂事業老闆，我的角色需求是「關係」，我的價值觀也是「多姿多彩」，這是商業上的需求，我的信念是「成長」，這都是順理成章行業上的需求，這有什麼問題？

答：這是很好的問題，我再三強調六層面「硬」件的需求，是每一層面需要條件性的支撐和結構性的整合，不能斷章取義一概而論。請返回第七章價值轉乾坤事實的三種意義：而角色層面是事實 A，價值觀是事實 B 是你角

色的引伸，信念層面是事實 C，從 A 到 B 的引伸，是產生正負價值的陳述。例如：我的角色像邵逸夫（香港人、世界著名娛樂企業家），但事實 A 我的角色真正扮演只是不斷拉攏周邊的「關係」，事實 B 我的價值觀 care most「經驗事實」只求多姿多彩，刺激多樣性，我們對六種軟件的需求，都會採用不同的工具或手段獲得滿足，例如：「多姿多彩」的需求，我們可能會使用刺激挑戰多樣性，而事實 C 從 A 到 B 引伸或過程的功能正確真實的感受和反應，還要不斷「成長」拓展增加上列兩層的支出，這樣也是除非有用不盡的財富和資源，否則只有製造更大的糾葛。

　　寫書的目的都是從個人層面出發，世界級及國家大事都是假設。現在給你基本價值及特質的表格，是陳秉璋博士與蔡明哲教授主編之《價值社會學》一書中闡述的圖表給你參考：

你的基本價值及特質			
	價值基礎	價值原則	價值效果
物質價值	利己主義	優先原則 快樂原則	遞減律 短暫幻滅律
精神價值	利己利人主義	充份原則 幸福原則	永恆持存律 遞增律
倫理價值	互惠主義	必要原則 滿足原則	共棲持續律 相對律

參考資料 #13

　　如果將價值觀變成個人做人做事的指導方針與法則，這就是「人生觀」，而人生觀就是個人價值在經驗世界中逐漸發展與調整出來的終極價值。

特別例子參考

我們國家實現社會主義，我大膽的假設國家管理軟硬件的六個層面。

角色需求：「**實在自在**」明明德，中庸之道（幸福原則）　參考資料 #14

價值觀需求：「**關係**」在親民，為人民服務（必要原則）

信念需求：「**存在意義**」知止而後有定，以倫理價值為主導，社會主義至善為目標（充分原則）

能力需求：「**成長**」靜然後能安，實事求是，不斷創新（滿足原則）

行為需求：「**多姿多彩**」知安然後能慮，和諧穩定（幸福原則）

環境需求：「**回饋**」慮而後能得，物有本末，事有終始，知所以先後，則近道矣。回饋社會，命運共同體（必要原則）

分析：中央管治角色以《大學之道》「孔子學說」明明德為角色，己所不欲勿施於人。2014 年作為中央管治核心價值，強調國家的德，社會的德，用人為德，國無德不興，人無德不立。

國家的價值觀是大學之道第二句親民，也都是開國的價值觀，為人民服務！

國家的信念系統是知止，是有目標的方向才能定下來，以至高誠信復興中華民族。

國家的能力以實事求是，默默苦幹成長，以實力不斷創新。

國家的行為必須安定為主。和諧穩定為基礎，這一點與西方多姿多彩有很大的不同，所以國家也不主張太多刺激，例如賭博，嘩眾取寵，炫耀財富，個人崇拜等標榜享受主義的行為。國家的環境層面需求，回饋是社會責任，發展地球村是我們的共同使命。總括來說，基於國家的基本價值及特質都是以精神價值及倫理價值為主導，不主張物質價值的濫用。

　　美國的自由民主管治六層面軟硬件
假設：

角色層面需求：是「**多姿多彩**」美國都是由主要兩個政
黨互相排斥競爭成為管理層，也由資本主義大財團操控，以個人主義
為原則，勝者為王敗者為寇。所以管治以「多姿多彩」爭取選票，以
variety 多樣性，挑戰，差異性為角色的調味品，是利己主義，享受主
義（快樂原則）。

國家價值觀的需求：以「**成長**」為依歸，美國優先，個人主義，商業
利益需求不斷累積增長 growth 為主導，金錢掛帥，cowboy 鬥爭精神
（優先原則）。

國家信念系統需求：是「**存在意義**」物質價值為主導，利己主義，排
他性，白人主義，自由與民主是競爭性，勝者為王，敗者為寇（優先
原則）。

國家的能力層面需求：是「**實在自在**」大部份放在軍事上，擴張霸權，
主導商業經濟及全球遊戲規則，美元壟斷力量，科學認證（充分原
則）。

國家的行為層面需求：是「**關係**」放在六層面硬件的低層，較為最低
考慮，將關係放在功利主義，虛偽主義，甚至家庭關係也以利益為先
（優先原則）。

國家環境層面需求：是「**回饋**」看環境利益關係，社會的形勢，世界
的形勢，選票形勢，也是空口主義。是機會主義才付出，基本上也沒
有良知與正義（優先原則）。

　　分析：美國是代表西方白人主義軸心角色，過去 100 年享受了二戰前後，工業革命的成果，成為地球多種族的表表者，也成為壟斷地球的王者，這就是近代史由環境層面開始由下而上，行為，能力，信念，價值觀，不斷潛移默化美國獨一無二王者領導風範的角色。也形成西方俄羅斯，東方或中國現在的尊卑界別，美國的領導層邏輯思考硬件，「多姿多彩」美國夢 America Dream「角色」和美國優先「價值觀」就是這樣形成。未來 100 年是否也能從環境層面重新改變？上文已經大概每一個層面的需求分析了，我從 19 歲開始與父親與美國生意人打交道，來回美國不下 100 次，也在美國集團經歷管理層的變遷，深深感受美國人的風格模式。40 年前的美國真是天堂，他們看來我們只是低下層角色，因為距離實在太遠，沒有半點威脅性，也有利用價值。所以我們只是隨從般接受他們幽默霸氣，我們彼此相處都十分愉快。長話短說 30 年，20 年前美國還是我們的上帝，隨他所欲也贏得六層面需求少許油水，不覺得被他們排斥，近十年特別是近五年發生非常大程度的改變，可能是美國 50 年獲取世界工廠分工的紅利，如上列的美國管理層六個層面的需求，美國文化只有敵對和利益，發生了內外質素的裂變，過去 50 年可能美國人躺平了，（美國的內面世界及外面國家世界的急速改變）本書談及的糾葛與和諧，其實一直都在發生，只是情境性與結構性的分別，如果單是情景性稍後都會過眼雲煙，但如果 100 年累積的情景性，也就會變成結構性臨界點的糾葛。例如久被困在籠裏的小鳥不會歌唱，久而久之習慣了也看不見被籠困着，會唱歌起舞；又例如物競天擇，久而久之世界其他弱勢民族也希望建立自己角色，也希望改變遊戲規則，平起平坐成立公平的世界。但是這個改變可能又需要 100 年以上糾葛，由角色扮演開始由上而下經過六層面改變這個世界。歷史也就是這樣重複從糾葛與和諧寫成的。總括來說，美國的基本價值及特質都是以「物質價值」為重，精神價值除了宗教以外，倫理價值更談不上了。

自由與約束

今天談到知識、藝術與宗教，可以再簡單談一點哲學。如果一個人沒有宗教信仰，哲學對他是否有用呢？我要特別推薦儒家思想。

儒家主張人性向善，重點是要人保持真誠的心，對人與人之間親情、倫理價值，友、愛情產生感應與行動。哲學就要講得透徹，儒家是要人從真誠開始，去體會內心有一種力量，促使自己要做對的事，這就叫做「人性向善」。

很多人以為「人性本善」是對的，但是人生下來，還沒有自由選擇的機會，既不能為善也不能為惡，說他「本善」有什麼意義呢？如果天下人都是本善，那麼誰是惡呢？你總不能說人性本善，動物性本惡，這就太主觀了。我們養的寵物很多也是本性善良的。

你有自由可以不行善，卻不能壓抑或忽略內心自我要求的力量，掌握住這一點，在道德上就會出現明確的方向，所以哲學為什麼重要？唸哲學有什麼好處？很多人以為唸了哲學之後，就找到秘訣可以解決困難。其實哲學的用處不在於此，而在於了解困難，解決和了解不一樣，你希望解決問題，但是這個問題解決之後，下個問題又出現了，所以重要的是了解問題，只要學會了解問題的方法，那麼在任何問題發生時，你就可以以不變應萬變。你有了一套邏輯思考方法，有了一套瞭解自己需求的能力，這就是哲學的作用。哲學不需要背誦格言或教條，而是要透過思考去了解道理，然後在碰到任何困難時就有辦法化解了。孔子說「四十而不惑」，就是因為他把握了一貫之道，在哲學方面有了完整的心得。一般人可能正好相反，是四十而大惑，那正是缺乏哲學修養的緣故。

　　「自由」這概念需要建基於一個「善」的最高誠信，互惠共棲持續價值層面上，有高低層次，規序的成熟邏輯判斷認識價值，特別是六層面邏輯思考層面，才可談論白由向善的價值，例如：一個不懂得駕駛的人，你讓他無知愚昧地自由隨意駕駛一架汽車，後果不堪切想。香港的文化素質每況愈下，道德標準模糊，自由主義氾濫，香港環境之「善」或「惡」實在需要你今天的醒覺。**以下的六層面硬件比較也給你參考：**

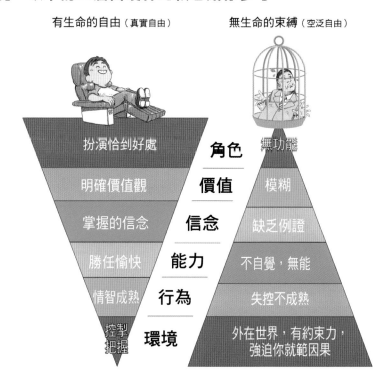

有生命的自由（真實自由）　　　無生命的束縛（空泛自由）

扮演恰到好處	角色	無功能
明確價值觀	價值	模糊
掌握的信念	信念	缺乏例證
勝任愉快	能力	不自覺，無能
情智成熟	行為	失控不成熟
控制把握	環境	外在世界，有約束力，強迫你就範因果

六層面人生

角色：自我認定，使命感
價值：最重要的心境感受
信念：有力例證支持的概念
能力：智慧及策略，勝任程度
行為：性格態度，積極消極
環境：外面世界，天時，地利，人和

參考資料 #15

十三、
368°贏盡生命

　　是我另一本著作，一般人都知道有兩個我，一半是魔鬼，一半是天使。弗洛伊德說人有三個我，本我，自我，超我。孫悟空法力無邊，把身邊金毛拔出一吹就有 100 個我，可以戰勝天下。我研究如果要「贏盡生命」就要行駛五個我的價值，我用一個圓圈來表達五個我的內容。如圖：

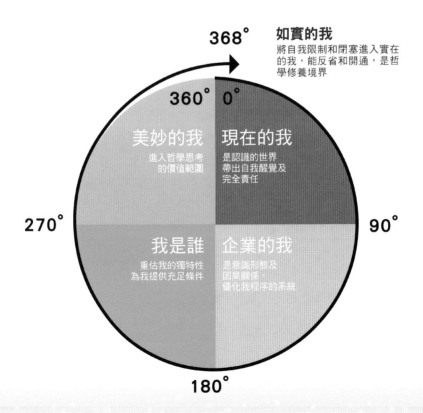

368°贏盡生命

368°

如實的我
將自我限制和閉塞進入實在的我，能反省和開通，是哲學修養境界

360° 0°

美妙的我
進入哲學思考的價值範圍

現在的我
是認識的世界帶出自我醒覺及完全責任

270°

90°

我是誰
重估我的獨特性為我提供充足條件

企業的我
是意識形態及因果關係，優化我程序的系統

180°

　　由零度到 90 度是「現在的我」，90 度到 180 度是「企業的我」，180 度到 270 度是「我是誰」，270 度到 360 度是「美妙的我」，超出 360 度是無限大的「如實的我」。

　　做一個人意味着什麼？人的一生能夠達到怎樣的高度？什麼是自由困擾着生命的牽連糾葛？人與動物最大的分別就是有概念性思維，我們得以建立人的文明端賴抽象符號的運用。

　　「368°贏盡生命」的目的就是一種活動看自我，也就是自我的認知活動，着眼分為五個層面的「我」活動領域。

　　第一步：今天我也希望你用「現在的我」──你的邏輯思考硬件，六個層面架構和軟件六項需求過程整合，來洞見你的需求分開六項範疇，在知識的領域我們不能夠全知，當然也不是無知，所以總是在全知與無知之間特別是一些概念性與觀念性的問題。因為當一個人在愚笨或懊悔，或者不知不覺留瀦之間，自覺的行為無由生出，人就只能有那種心理學意義的行為，一種有機體的反應（像貓兒跳撲羽毛棒一樣 basic instinct）比較容易選擇一些懸空無着的感官圖像遊戲，例如賭博、色情、酗酒、電子遊戲、虛擬世界或者幻想、吸毒、追求刺激、迷信與欺詐、自相矛盾中磨滅自我醒覺及完全責任。躺平了也不知他想要什麼？

　　第二步：為了要明白「現在的我」糾葛的成因，所以當你進入「企業的我」界別，你身為企業的存亡負責人，如何配搭企業的六個架構層面和六項配搭的企業需求，是意識形態及因果關係，如何優化自己程序的系統將自己作為變革對象。

　　第三步：贏盡生命是一個漫長過程，是一項極具挑戰性的工作。當你通過「企業的我」重做你的軟硬件需求配搭，重估你的獨特性為自己提供充足條件，進入「我是誰」我們給你參考的（圖3）答案，都是那麼完美次序配搭，使你成為雕琢自己的工匠。如何與生活講和？

　　第四步：當你了解你與周遭人的關係，軟件與硬件的配對組合如何正或負面影響自我認定，價值觀需求，信念系統潛意識驅使的活動，從「我是誰」進入「美妙的我」境界，從哲學思考你存在這個世界的價值範疇，如何運用你人格架構的優勢去改善你周遭的環境？這是一個心智模式環路 loop，也是一個管理約束，記着每一個人都有他的不同風格，你不是去改變他人，而是進入和諧人生的體驗，找到自己高槓桿解基因，一個沒有軟硬件束縛的需求，是空泛沒有自由的人生。

　　第五步：過了 360 度，你會忽然間走進一種奇特的境界，那就是「如實的我」，你將發覺如像沒有自我的限制，每遇到一些新或舊的事物，即能立刻反省和開通，無論在任何罪惡或污垢，和平或潔淨中都能找到最原始價值的一點，是哲學修養境界，也是和諧如實觀境界▬新價值轉乾坤。

　　科學是絕對的，人文科學是相對的，有喜有哀，成功失敗，生死，是與非，用什麼概念來決定！現在請你退回認識之前的境界，實用之前的境界，欣賞之前的境界，如果你問我在什麼境界？這是一個很好的問題？也就是這本書重要的問題，我的答案是：我也不知道！

　　著名心理學家弗洛伊德說：大多數人每天的活動都是 7/8 潛意識驅使的活動，意識活動中只得 1/8 而已。簡單來說每天的活動都是習慣性，你的自覺性行為大部份都是有信念產生價值觀與你角色的扮演，這些都是已經潛在你心底裏的原動力，在某一個度數點很長時間也不覺察。

為什麼有 368 度？這是我用五個我和度數界別人的人格取向或深度，有些人可能一生只得 40 度，有些人可能是 99 度，有些人可能是 270 度，但如果曾經是超過 368 度體驗「五個我」的朋友，他的人格取向和深度應該是個人內涵和素質有一定的柔韌度，經得起驚濤駭浪，在糾葛與和諧之間取得脈絡清晰，是有生命的自由。在六西格瑪 (six Sigma) 如果 100 分是完美，由 1 到 90 分是大多數人勤力工作努力學習是可以達到的程度，但有 90 分至 100 分，特別是 99 分至 100 分之間所付出的代價可能是前者的一百倍。就像運動員一樣 60% 人懂得游泳，60-80% 的人可以一口氣游 10 個標準泳池，80-90% 可以橫渡香港渡海泳，90-100% 進入世運選手。經過 365 度的朋友應該是可以進入世運級的人生選手，像弗洛伊德說這些人每天活動的 7/8 潛意識將會變為有素質內涵柔韌度高的潛意識的活動，只需要專注運用其他 1/8 就可以贏盡生命。

生命的旅程有時更如賽車一般要經常突破極限，時刻需要意識車輛波速運作，從五波轉回二波，再由一波轉到四波。例如：從「現在的我」轉到「我是誰」，再由「企業的我」轉到「美妙的我」，我們的軟件硬件的需求過程配對和手段，有時都由我們本來人格架構（圖 1）潛意識需求驅使而不自覺，所以我們必須時刻意識在那一個「我」，我們正使用什麼軟硬件需求配對。這就是生命過程每一階段性的精進，凡事屬於哲學的都是「探尋求最後真相」。

十四、總結

　　我寫書的目的並不是著作心理叢書，了解不同人格取向，或激勵人生書籍，相反我是希望你能夠採取中立態度或進入灰色地帶來觀察自己，在角色扮演與價值觀基礎建設上能夠有一個洞見，你無需要改變你當初的個人軟硬件選擇，但你可以將企業家或本書給你的軟硬件答案作為一個參考資料，作為你了解糾葛與和諧的關係，《大學之道》：「物有本末，事有終始」我們的「本」就是我們的硬件邏輯思考六層面，「終」就是我們的軟件六個需求的部份。

　　如果我們能夠將上列的整合配對作為我們做人不同角色需求的「事實真相」，三種不同的整合作為我們實踐上「程序事實的脈絡」的審核。那麼我們就開始控制和適應，調和「糾結與和諧」的共存。

　　正如我做「劇變」鍛煉培訓課程中，人生如戲劇，你可以選擇不同劇本不同角色扮演，但最重要的問題是你要知道為何 Why 你要選擇這個角色 ？ How 如何可以改變和進入和諧的境界？

　　找到你槓桿解基因，就是你的軟硬件原始配對，糾葛之後如何可以進入和諧境界。

最後也想和你說一個兒童的故事。

「龜兔賽跑」小朋友都知道烏龜贏了。教訓就是不要驕傲，有恆心必定成功，延續的故事兔子不服輸，要求第二次比賽，烏龜同意不過由牠選擇地點，兔子自命能力高強心想這次不要驕傲了，烏龜選擇了由山頂跑到山下，這次烏龜又贏了，因為牠把頭縮在龜殼裏，開跑由山頂滾在山下，一下子又贏了兔子。

教訓是只要辦法，總可以將缺點變為優點把困難克服。

兔子當然不服氣，撒賴對方欺詐，要求再一次比賽。烏龜不厭其煩對方催逼，同意第三次比賽，這次比賽需要雙方協商同意方法，最後決定長跑。

第三次比賽最後都是烏龜勝出。

因為長跑最後要越過一個湖，兔子一早跑到湖邊要停下來，烏龜後來趕到，施施然跳在水中慢慢游過對岸。

教訓是因其柔韌可以在強風裏持續存在「糾葛與和諧」矛盾永遠存在，這是物競天擇，適者生存。這都是人類的生存事實，我們都需要實在自在，也需要多姿多彩，我們人生最後的結果就是死亡，死亡之前 1 秒鐘屬於我們！漫畫的第一幅，世界上最貴的是什麼？

「寂靜的我」
影片

作者簡介

黃博士著作

黃經國博士個人簡歷表

- 友邦保險 (國際) 有限公司 – 區域執行總監
- Asia Trusted Life Agents & Advisors Award 2021 - 終身成就獎
- 冠軍專業管理有限公司 - 主席
- "喂我" 實現工程有限公司 - 主席
- 香港中文大學新亞書院校董
- 香港理工大學基金 永遠榮譽副會長
- 清華大學美術學院 - 清華大學經濟管理學院 - 蘇富比藝術學院 - 藝術管理碩士
- 香港理工大學總裁協會 - 副理事長
- 中國古董藝術總會 - 主席
- 香港亞洲獅子會前任會長
- 鏡報顧問
- 世界傑出華人會創會主席
- 美國 Delozier and Associates 神經語言學院之特許執業資格
- 美國註冊企業教練
- 美國催眠醫師考試局催眠治療師資格
- 工商管理碩士
- 美國特許壽險營業經理國際認可資格
- 2006 年耶魯大學商業系領袖有效管理證書
- 2005 年美國哈姆斯頓大學客席教授
- 2004 年美國摩尼臣大學榮譽哲學博士
- 2000 年美國肯尼迪西方大學榮譽教育博士
- 歐洲英格倫布大學教育博士
- 2004 年榮獲世界傑出華人獎
- 2020 年清華大學公益教育項目企業家導師

活動
花絮

◀ 黃經國博士與香港特別行政區行政長官林鄭月娥女士合照

▲ 2004 年在典禮中致詞

▲ 清華大學美術學院 - 清華大學經濟管理學院 - 蘇富比藝術學院碩士畢業照

▲ 科技大學朱經武校長獲頒第十屆世界傑出華人獎，並與創會主席黃經國博士合照

▲ 與全國政協副主席梁振英先生合照

▲ 在鏡報主辦第八屆傑出企業社會責任獎頒獎禮上致辭

▲ 與前政務司司長唐英年先生合照

We Are No.1

▲ 冠軍家族團體照

CHAMP FAMILY

55	98	405
TOT	COT	MDRT

MDRT

▲ 清華大學美術學院 - 清華大學經濟管理學院 - 蘇富比藝術學院藝術管理碩士畢業大合照

CHAMP

HI ME

如何精彩活到120歲

人生有兩個春天，由一歲至六十歲是為家庭、事業、健康打拼的春天。第二個春天是由六十歲至一百二十歲，如果事業有成，財產累積，就要考慮如何精彩活到一百二十歲。

參考資料

#1　故事來源，愛的序位 by Bert Hellinger

#2　三島由紀夫 VS 東大全共鬥

#3　*The Nature of Belief by Robert Dilts*

#4　*love's hidden symmetry by Bert Hellinger*

#5　《365°贏盡生命》作者：黃經國 *p.237*

#6　《快樂學》作者：馬修‧李卡德 *p.11*

#7　《價值轉乾坤》作者：黃經國

#8　《價值轉乾坤》作者：黃經國 *p.562-564*

#9　*Changing Belief systems with NLP, p.8 by Robert Dilts*

#10　*The Six Human Needs and how they impact the choices you make by Susanne Madsen*

#11　*Changing Belief systems will NLP, by Robert Dilts*

#12　*The Fifth Discipline by Peter M. Senge*

#13　《價值轉乾坤》作者：黃經國 *p.597*

#14　《價值社會學》陳秉璋博士與蔡明哲教授

#15　《價值轉乾坤》作者：黃經國 *p.596*

書　名	**糾葛與和諧**	
作　者	黃經國	
責任編輯	鏡報編輯部	
漫畫插圖	"喂我"實現工程有限公司	
影片版權	"喂我"實現工程有限公司	
出　版	**鏡報文化企業有限公司**	
	香港灣仔告士打道227-228號生和大廈 2 樓全層	
發　行	**聯合新零售（香港）有限公司**	
	香港新界荃灣德士古道 220-248 號荃灣工業中心16樓	
承　印	**美雅印刷製本有限公司**	
	香港九龍官塘榮業街 6 號海濱工業大廈 4 樓 A 室	
版　次	2022 年 7 月第 1 版	
規　格	185mmX230mm	
定　價	港幣一百三十元	

國際書號　　**ISBN 978-962-7315-65-0**

歡迎郵購： △請將姓名、地址、電話和購書數量，連同劃線支票寄來本刊社址；
　　　　　　△支票抬頭寫「鏡報文化企業有限公司」；本港郵費免付，海外郵資另算。